西南山区农村
一二三产业融合发展模式研究

—— 以贵州兴义市为试点

侯丽薇　杨艳涛　李超　著

中国农业科学技术出版社

图书在版编目（CIP）数据

西南山区农村一二三产业融合发展模式研究：以贵州兴义市为试点／侯丽薇，杨艳涛，李超著．—北京：中国农业科学技术出版社，2020.9
ISBN 978-7-5116-5041-2

Ⅰ.①西…　Ⅱ.①侯…②杨…③李…　Ⅲ.①农业产业-产业融合-产业发展-研究-兴义　Ⅳ.①F327.734

中国版本图书馆 CIP 数据核字（2020）第 184758 号

责任编辑	穆玉红
责任校对	贾海霞
出 版 者	中国农业科学技术出版社
	北京市中关村南大街12号　邮编：100081
电　　话	（010）82106626（编辑室）　（010）82109702（发行部）
	（010）82109709（读者服务部）
传　　真	（010）82106626
网　　址	http://www.castp.cn
经 销 者	各地新华书店
印 刷 者	北京建宏印刷有限公司
开　　本	710mm×1 000mm　1/16
印　　张	4.5
字　　数	80 千字
版　　次	2020 年 9 月第 1 版　2020 年 9 月第 1 次印刷
定　　价	36.00 元

版权所有·翻印必究

目 录

第一章 绪 论 ……………………………………………… （1）
  第一节 研究背景和目的 ………………………………… （1）
    一、研究背景 …………………………………………… （1）
    二、研究目的 …………………………………………… （3）
  第二节 国内研究现状 …………………………………… （3）
    一、农村一二三产业融合发展的必然性 ……………… （3）
    二、农村一二三产业融合发展的内涵特征 …………… （6）
    三、农村一二三产业融合发展的动因机制 …………… （8）
    四、农村一二三产业融合发展的模式路径 …………… （9）
    五、农村一二三产业融合发展存在的问题 …………… （11）
    六、农村一二三产业融合发展的对策建议 …………… （13）
    七、其他方面 …………………………………………… （15）
  第三节 国内农村一二三产业融合的现状 ……………… （16）
    一、农产品加工业快速转型升级，引领产业融合发展 …… （16）
    二、休闲农业潜力大，已成为产业融合的主要业态 …… （16）
    三、农产品营销和农村电子商务不断创新，加速产业融合
        发展 ………………………………………………… （16）
    四、集群化、产业化快速发展，推动产业融合纵深发展 …… （17）

第二章 理论基础 ………………………………………… （18）
  第一节 经济学理论 ……………………………………… （18）
    一、产业结构理论 ……………………………………… （18）
    二、交易费用理论 ……………………………………… （19）
    三、制度变迁理论 ……………………………………… （21）
    四、趋同理论 …………………………………………… （21）

五、多功能农业理论……………………………………………（22）
　第二节　农村一二三产业融合的内涵分析……………………（23）
　　一、产业融合的本质……………………………………………（23）
　　二、农村一二三产业融合的内涵………………………………（24）
　第三节　农村一二三产业融合的效应与动因分析……………（25）
　　一、农村一二三产业融合的效应………………………………（25）
　　二、农村一二三产业融合的动因………………………………（26）

第三章　贵州兴义农村一二三产业融合发展模式…………（30）
　第一节　兴义市农业发展概况…………………………………（30）
　　一、农业与农村经济概况………………………………………（30）
　　二、主导产业及产品情况………………………………………（31）
　　三、产业区域布局情况…………………………………………（31）
　　四、新型农业经营主体建设情况………………………………（32）
　第二节　兴义市一二三产业融合发展具有的优势……………（33）
　　一、气候垂直多样性适宜立体生态农业发展…………………（33）
　　二、优良的生态环境利于有机绿色农产品生产………………（33）
　　三、国家扶贫政策倾斜力度大…………………………………（33）
　　四、旅游业的带动作用明显……………………………………（34）
　　五、有一定的区域经济优势……………………………………（34）
　　六、绿水青山的环境容易形成产业融合的后发优势…………（34）
　第三节　兴义市农村一二三产业融合发展的典型模式………（35）
　　一、绿色循环农业融合模式……………………………………（35）
　　二、高山生态农牧产业融合模式………………………………（37）
　　三、立体农林产业复合型模式…………………………………（38）
　　四、山地旅游与旅游扶贫开发融合模式………………………（39）
　第四节　兴义市发展一二三产业融合模式的机制创新………（41）
　　一、培育多元化新型融合主体…………………………………（41）
　　二、健全产业链利益联结机制…………………………………（42）
　　三、创新产业融合投融资机制…………………………………（42）
　　四、探索产业融合商业运营模式………………………………（42）
　第五节　兴义市发展一二三产业融合模式的制度保障………（44）

一、加强组织领导工作 …………………………………………… (44)
　　二、加大政策支持和资金投入 …………………………………… (44)
　　三、矢志打赢脱贫攻坚战 ………………………………………… (44)
　　四、完善最严格的生态补偿机制 ………………………………… (44)
　　五、做好项目统筹和考核 ………………………………………… (45)
　第六节　兴义市农村一二三产业融合取得的效果 …………………… (45)
　　一、一二三产业融合实现农村产业各环节的利益的有效
　　　　联接 …………………………………………………………… (45)
　　二、一二三产业融合产生明显的产业带动作用 ………………… (46)
　　三、一二三产业融合模式具有较强的辐射带动作用 …………… (46)
　　四、一二三产业融合模式提高了产业融合度和市场化、
　　　　组织化程度 …………………………………………………… (47)
　　五、带动劳动力的就业实现增收 ………………………………… (47)
　　六、带动农产品加工业的发展实现产业增值 …………………… (47)
　　七、带动贫困地区农业的发展实现精准扶贫和脱贫 …………… (48)

第四章　国外农村一二三产业融合发展的实践 …………………………… (49)
　第一节　日本农村产业融合发展 ……………………………………… (49)
　第二节　韩国农村产业融合实践 ……………………………………… (52)
　第三节　美国农业产业融合实践 ……………………………………… (52)
　第四节　法国的农业产业融合实践 …………………………………… (53)
　第五节　荷兰农村产业融合实践 ……………………………………… (54)
　第六节　对中国农村一二三产业融合发展的启示 …………………… (55)
　　一、加大对产业融合发展的政策支持 …………………………… (55)
　　二、政府严格监管，保障农业产业化经营中农业生产者的
　　　　权益最大化 …………………………………………………… (55)
　　三、严格论证深入挖掘可开发的地域资源 ……………………… (55)
　　四、强化农村一二三产业融合的技术创新及技术服务支撑 …… (56)
　　五、建立农村完善的基础设施和配套服务体系 ………………… (56)

第五章　西南山区农村一二三产业融合发展的政策建议 ……………… (57)
　　一、提升全社会对农村产业融合的认知水平 …………………… (57)
　　二、夯实产业发展基础，实现产业利益共享 …………………… (57)

三、加大政策全面扶持，固化农村产业融合成效 …………（58）
四、深化机制体制创新，强化农村产业融合动力 ……………（58）
五、完善产业融合平台建设，筑牢农村三产融合基础 …………（58）
六、加大资源配置力度以利生产要素流向农村 ………………（59）

参考文献 ………………………………………………………（60）

第一章 绪 论

第一节 研究背景和目的

一、研究背景

1. 农村产业融合是新常态下构建国家农业产业新体系的战略举措

当前,我国经济发展进入新常态,农业发展进入新阶段,随着资源环境约束趋紧,农业生产成本持续上升,以及国际农产品市场影响加深,"天花板挤压和地板抬升"的双重压力使得农村产业发展空间受到极大的制约,农业发展、农民增收遇到新的挑战。推进农村一二三产业融合(以下简称"农村产业融合")发展,是拓宽农民增收渠道、构建现代农业产业体系的重要举措,是加快转变农业发展方式、探索中国特色农业现代化道路的必然要求,有利于吸引现代要素、拓展农业功能、强化农业农村基础设施、增加农民收入[1-3]。

近年来,我国农村一二三产业已呈现出融合发展势头,对农业现代化和农民增收的带动作用日益显现。但是,农业发展基础依然薄弱,龙头企业等融合主体的带动能力总体较弱,新型业态发展仍面临一些体制障碍,产业链与农户利益联结机制不健全,农村产业融合发展仍面临较大困难,亟需通过开展试点示范,总结经验,推广模式,探索机制,进一步落实《关于推进农村一二三产融合发展的指导意见》(国办发〔2015〕93号文)。

2. 探索喀斯特岩溶山区农村产业融合发展模式是贵州省农村发展的重点任务

贵州是典型的以喀斯特岩溶地貌为主的内陆山区省份,92.5%的面积为山地和丘陵，山间小盆地仅占7.5%，严重阻碍了农业的规模化、市场化、机械化、信息化经营，农业劳动生产力难以提高，传统小农经济模式依然存在，是国家集中连片扶贫的重点区域之一。按照国发2号文件确立的贵州农业发展方向和定位，省委、省政府明确了关于立足山区特点，发展现代山地高效农业的发展方向。"五个一百工程"特别是200个省级农业园区的建设，在探索山地立体高效农业模式上积累了丰富的经验，对贵州省及至西南岩溶山区的三农问题解决也具有了重要的参考意义。

3. 以岩溶山区立体循环高效农业为主线培育山地休闲旅游农业新业态是黔西南州自身发展的迫切需要

黔西南布依族苗族自治州（以下简称"黔西南州"）地处贵州省西南部，毗邻广西壮族自治区和云南省，历史上是滇桂黔三省区的商品集散地和通衢要塞，素有"西南屏障""滇黔锁钥"之称。居住着布依、苗、彝、回、汉等33个民族，280万人口中少数民族人口占40%，是全国年轻的自治州之一。全州辖兴义、普安、晴隆、兴仁、贞丰、安龙、册亨、望谟一市七县，129个乡镇，2 072个村。山岭纵横、河谷深切，全州最高海拔2 207.2m（兴义市七舍镇九龙山），最低海拔275m（望谟县红水河打落河口）。形成了山高谷深，"一山分四季、十里不同天"的特殊的农业生产条件。

黔西南州是滇桂黔石漠化片区规划重点建设的中心城市之一，也是片区内石漠化问题最严重、贫困成因最复杂的地区之一。为抢抓政策机遇，彰显资源与区位优势，推进农业转型升级，明确以发展现代山地高效农业为目标、依托资源优势，以生态农业、循环农业、特色农业、休闲观光农业、精品农业等为重点，突出显示区域特色，加强农产品加工业发展，保护生态环境、增强发展后劲及动力，加快推进黔西南州山地高效农业发展速度，加速推进农业现代化。以山地农业、山地旅游业为抓手和龙头，打响黔西南山地农业和山地旅游的品牌，实施科学扶贫、精准扶贫，实现助农增收、同步小康，在喀斯特山区破解"青山绿水就是金山银山"的命题。

二、研究目的

贵州兴义是典型的以喀斯特岩溶地貌为主的西南山区，多为山地和丘陵，土地多为山间小盆地，严重阻碍了农业的规模化、市场化、机械化、信息化经营，农业劳动生产力难以提高，传统小农经济模式依然存在，是国家集中连片扶贫的重点区域。国内鲜有针对西南山区的农业一二三产业融合的研究，本研究试图针对山多、地少，农业资源贫乏，自然景观丰富的喀斯特地形地貌所在的贵州省兴义市为试点，总结凝练融合机制和模式，从实践中提炼理论，从而更好地为在实践中推广和应用。

第二节　国内研究现状

自农村一二三产业融合提出以来，学术界从不同角度进行了相关探讨，研究成果丰硕。姜长云[4]从融合方式角度研究了农村一二三产业融合发展的主要路径；赵霞等[5]通过借鉴产业融合的基本理论以及日本的第六产业概念给出了农村一二三产业融合的概念，并分析了其现实意义及驱动因素；苏毅清等[6]依据分工理论对农村一二三产业融合的内涵进行了定义，分析了其获益机制及存在的问题；李治、王东阳[7]基于交易成本理论，通过分析产业融合的本质含义，界定了农村一二三产业融合的内涵，分析了其效应动因并提出了政策建议。由此可见，目前学术界对于农村一二三产业融合的相关研究仍处于起步阶段，主要从内涵概念、动因机制、国外经验等方面进行理论分析以及从模式路径、存在问题、政策建议等方面进行现实分析，对于相关问题尚未展开系统性的分析研究，也没有形成学术界的统一认识。因此，本文拟通过中国知网数据库检索已有文献，系统性分析研究农村一二三产业融合发展的必然性、内涵特征、动因机制、模式路径、存在问题等，进而提出后续研究建议，以期为农村一二三产业融合领域的相关研究提供帮助。

一、农村一二三产业融合发展的必然性

学者对于农村一二三产业融合发展的必然性研究，可以总结为以下3

点：一是宏观农村社会发展方面的必然性，即农村社会转型发展的重要支撑；二是中观农业产业发展方面的必然性，即建设农业现代产业体系的必由之路；三是微观市场主体发展方面的必然性，即农民增收、农企发展、消费需求满足的必然选择（图1）。

1. 宏观：农村一二三产业融合发展是农村社会转型发展的重要支撑

首先，综合开发农村资源的需要。我国农村地区拥有丰富的地形地貌、多样的生态环境、浓郁的文化底蕴[8]，为农村经济社会发展奠定了重要的资源基础。而传统的农村经济由于集中于农业耕作、农产品初加工等环节，过多关注农业的粮食安全功能和经济功能，而对于环境、文化、社会等日益凸显的农业功能则关注不足。

其次，留住农村人才等资源的需要。农村地区长期处于农业产业链、价值链的末端位置，导致农业生产利润及其附加值长期被加工、物流、销售等环节拿走，农村地区居民收入增长缓慢，农村青壮年劳动力长时间、大规模地向农村地区流动。不仅导致农村人才等资源严重流失、生态环境和文化资源在不同程度上遭受破坏，而且使得农村破败不堪并引发一系列社会问题[9]。

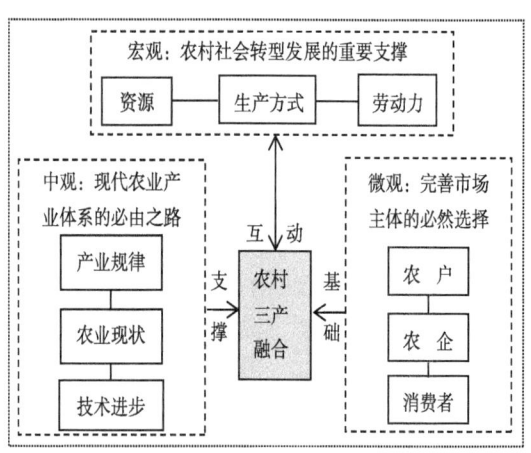

图1 农村一二三产业融合发展必然性的逻辑关系

最后，转变农业生产方式的需要。随着我国经济发展进入新常态，资源环境约束明显加强，农村地区长期依靠的那种拼资源、拼投入的粗放式农业发展道路，使得耕地质量退化、环境污染和生态破坏等问题明显加剧,已经难以为继[10],必须转变农业生产方式和农村地区经济发展方式。

2. 中观:农村一二三产业融合是建设现代农业产业体系的必由之路

从产业发展的内在规律看,产业融合是农村经济发展的重要途径。随着互联网技术融合应用企业的快速崛起,产业融合加快了产业边界的模糊或消失,几乎任何产业的快速发展都是建立在与其他产业融合的基础之上的。农村一二三产业融合发展通过第二产业的深加工、第三产业的市场供求信息服务、农业生产核心技术改进、农产品文化价值深度挖掘等,将产业融合贯穿于产品生产、消费的全过程,实现对传统农业的产业创新[11],例如:粮食深加工行业、农产品的品牌化包装、耕种体验游、农业观光休闲游等。

从农业发展现状看,农业进一步发展需要同二、三产业融合。农业生产面临着一系列问题:农业资源空间潜力有限、部分主产区耕地过度使用、质量持续下降问题,农产品价格"天花板"、成本"地板"问题突出,增强农业国际竞争力紧迫以及农业产业链、价值链的整合协调机制亟待健全[2]。而农村一二三产业融合发展能够通过改良农业种植技术、使用农业机械设备以及利用新的加工存储运输条件等生产要素在产业间的流动而明显提高农业竞争力[11]。

从技术进步看,农村一二三产业融合发展具有便利的技术条件。在产业融合理念指导下,互联网信息技术的快速革新,使得"互联网+""创客""众筹"等新经济不断涌现,为农村一二三产业融合发展提供了活跃的产业空间[9],也延长了农业产业链、价值链,有利于拓展农业多种功能、提高农业综合效益[12]。不可否认,技术进步对于农业的渗透总体上仍处在起步阶段,生产环节农业竞争力依旧不足,加工环节也面临着巨大的挑战。

3. 微观:农村一二三产业融合发展是完善市场主体的必然选择

首先,提升农户经济地位的需要。刘明国[9]研究认为,由于农业生产受成本抬升、价格"天花板"的双重挤压以及农户外出务工数量的增长放缓,农民生产性收入、工资性收入增幅明显趋缓,使其收入增长面临严峻挑战。由于城乡二元体制还没有完全消除,农业生产中依旧存在过剩劳动力,使其就业比重很难随着工业化、城镇化的提高而相应下降到发达国家的水平，也就导致了其工资性收入很难大幅增长。同时，在农业价值链中，农户市场中的弱势地位，使其虽居于产业链的基础地位，但并不能分享农产品加工、流通环节的增值收益，始终处于价值链的末端位置[13]。

其次，增强农企市场竞争力的需要。赵海研究认为，由于农产品加工企业市场力量不强，导致农业产业链各环节处于脱节状态[11]。主要表现在：其一，农产品主产区的企业因生产规模较小、加工转化能力不强，导致不能形成聚集效应和规模经济，使得主产区往往成为成为"原"字号农产品的调出地；其二，农产品加工区、主销区的企业由于上游基地建设滞后，原料主要来源于市场收购，导致原料价格波动大、供应不稳定等。

最后，满足消费者多样化需求的需要。城乡居民对农产品的消费需求日益呈现优质化、个性化和多样化的趋势，特别是对农耕文化、休闲观光和亲近自然等时尚消费需求，日益成为农产品消费需求新的重要增长点[14]。一是城乡居民对于农业产品功能要求提高，从"吃得饱"向"吃得好"转变，农产品的消费日益多样化和营养化。二是以休闲旅游为重要内容的城乡居民时尚消费需求增长迅速。数据显示，1995—2014 年国内游客人次、总花费、人均花费年均分别增长 9.86%、18.31%、7.65%[8]，2016 年全国休闲农业和乡村旅游业共接待游客近 21 亿人次，营业收入超过 5700 亿元[15]。这就要求农业应该从单纯地提供初级产品向精深加工方向发展，大力发展农产品精深加工业，改变以往只注重农业产品功能而忽视其他功能的情况，利用产业融合生产融合性明显的农业生态文化产品。

二、农村一二三产业融合发展的内涵特征

1963 年，Rosenberg 在关于美国机械设备业演化的研究中提出了"Technological Convergence" 概念，是研究文献中首次出现产业融合思想[16]。自 1978 年 Nicholas Negroponte 正式从产业融合角度解释了计算机、印刷和广播等信息产业交叉发展的新现象以来，产业融合研究逐步成为热门话题并延伸到农业等其他产业领域。国外有关农业与其他产业融合发展的研究，主要有日本学者今村奈良臣的"六次产业"农村发展思想

推行的六次产业化、韩国以地区农村和农民为主体设计的"六次产业"、法国以农业合作社为核心的农村一二三产业融合[17]。国内相关研究则主要经历了两个阶段：部分学者借助产业融合理论，对于农业产业化、农业产业横向一体化、乡村旅游业以及农业多功能性发挥等问题的零星式研究[18-20]，以及2015年中央一号文件提出"推进农村一二三产业融合发展"以来的爆发式研究。

梁伟军[21]根据马健[22]对于产业融合的解释，认为农村一二三产业融合是农村三产之间以及农业部门内部在企业跨产业经营的基础上进行的产业创新过程和产业创新结果，其主要特征是产业间以及产业部门间的界限日趋模糊并产生农业新形态。苏毅清等[6]运用分工理论定义农村一二三产业融合的内涵，认为农村一二三产业融合是农村三产间各部门的产业分工以及分工在农村地区的内部化。李治、王东阳[7]研究认为产业融合的本质是交易成本内部化，并据此分析了农村一二三产业融合的内涵，即农业内部各部门之间、农业各部门分别与第二、三产业各部门两者之间以及农业、第二产业、第三产业三者之间的交易成本内部化。宗耀锦以经营主体的多寡从广义和狭义角度分析了农村一二三产业融合的涵义，认为农村一二三产业融合就是是指以农业农村为基础，利用要素、制度和技术创新，使农业生产突破种养环节，向产业链条前后延伸、左右拓展，与加工流通、休闲旅游、电子商务等形成协同发展态势，其核心在于充分开发农业的多种功能和多重价值，并将其融合所产生的就业岗位和增值内部化、利润留在农村[23]。除此之外，坚持消费导向[2]，遵循共享、开放的发展理念[24]，也是农村一二三产业融合的应有之义；马晓河[25]则强调农村一二三产业融合的目的在于延伸农业产业链、扩展产业范围、增加农民收入；戴春[26]从新技术、新业态、新要素、新模式等方面刻画了农村一二三产业融合的表现形式。芦千文[27]从结果论、过程论、目的论、性质论角度对学者关于农村一二三产业融合内涵研究进行了总结。

以上关于农村一二三产业融合内涵的分析表明，其本质是产业融合理论在农村农业领域的具体应用，不同于以往农村经济中出现的农业产业化和国外的"六次产业"，是一种崭新的经济发展方式。马晓河[25]认为农村一二三产业融合发展是农业产业化的高级形态和升级版，是农业产业化的产业化[6]。夏英[24]从经营形式、政策背景、市场主体等方面对三者进行了区别分析（表1）。

表1 农村一二三产业融合、农业产业化、"六次产业"的内涵比较

	农业产业化	"六次产业"	农村一二三产业融合
经营形式	市场主体内部协同或外部协同下的高效经营模式	以农业生产者为主体，获取农业产业功能拓展的增值或溢价效应	多元体依托高效经营模式，利用工业化、城镇化外溢效应等，创造产业融合新价值
政策背景	基于农产品过剩条件，为更好适应消费者导向的生产经营模式而扩张中间消费需求	源于农村认购过疏，农户收入长期徘徊及实现进口替代的农业保护考量	资源要素共享和交流的便捷；农业农村资源更为稀缺、有价值；农业技术装备的精准化、智能化
市场主体	农工商综合体	日本农协、农事合作社等农业法人	龙头企业、合作社、家庭农场以及农业园区、产业化集群、创业平台

资料来源：夏英.农村产业融合发展的路径和对策分析.http://www.caas.net.cn/ysxw/zjgd/280576.shtml，2017-03-29.

农村一二三产业融合发展作为一个动态和开放系统，对其作出明确定义需要因时因事而变[9]，但学者们在其本质特征方面基本达成共识。综合学者们研究，本文认为：农村一二三产业融合，是指以农业农村农民为基础，坚持消费导向，遵循共享、开放的发展理念，利用要素、制度和技术创新，通过形成新技术、新业态、新商业模式，使农业生产突破种养环节，向产业链条前后延伸、左右拓展，与加工流通、休闲旅游、电子商务等形成协同发展态势。

三、农村一二三产业融合发展的动因机制

关于农村一二三产业融合机制的相关研究，学者主要从产业分工理论[6]、交易成本理论[7]、创新理论[28]等三方面进行分析（图2）。

首先，产业分工视角。苏毅清等[6]研究认为，为使农业获益而将农业纳入到更大范围内的社会分工中是农村一二三产业融合的本质特征。农业生产的季节性、弱质性、不稳定性等，使得农业不能完全分工进而导致其劳动生产率始终低于其他产业。而农村一二三产业融合创造性地将农业整体地纳入到产业间分工中，通过产业间的分工合作来获取其他产业细分部门的发展成果，突破以往农业内部的分工局限，从而实现农

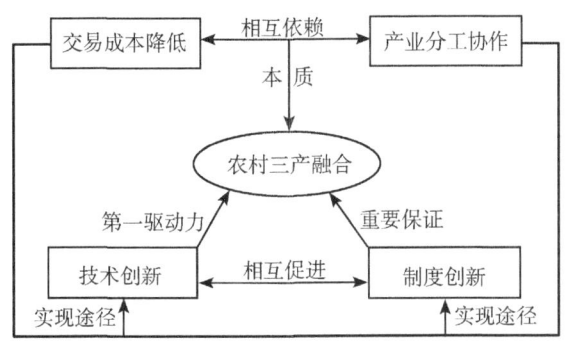

图 2　农村一二三产业融合发展动因机制

业的进步与农民的增收。

其次，交易成本研究视角。李治、王东阳[7]研究认为：农村一二三产业融合是产业融合理论在农村经济发展中的应用和创新，其本质是交易成本内部化。农村一二三产业融合通过积极引进农业以外的新理念、新技术、新模式等，缩短农产品生产与消费间的交易距离以及形成跨产业存在的扁平化、柔性化经济组织，能够降低市场交易费用，实现交易成本内部化，进而提升农业竞争力、促成新企业产生、塑造农业产业品牌形象、加快城乡经济一体化。

最后，创新驱动视角。梁立华[28]研究认为，在农村一二三产业融合过程中，技术创新改善了农业生产方式和水平技术，为农业与二三产业的融合发展提供了技术可能，并在制度创新的驱动下，农村一二三产业融合联结机制更加紧密，从而推动技术创新、产业融合走向更高水平。

综合来看，技术创新是农村一二三产业融合的第一驱动力，制度创新是农村一二三产业融合的重要保证，共同形成了农村一二三产业融合动因的表现形式，也是交易成本降低、产业分工协作的实现途径；而交易成本降低、产业分工协作则是农村一二三产业融合动因的本质内容，二者相互依赖、相互促进。

四、农村一二三产业融合发展的模式路径

综合分析学者对于农村一二三产业融合发展的模式路径研究，可以

从农村农业产业链拓展延伸、农业多功能综合开发、农村产业范围拓展、农村一二三产业融合主体等角度进行归纳分析（表2）。

表2 农村一二三产业融合发展的模式路径比较

观察角度	模式路径
农业产业链拓展延伸	纵向延伸与横向拓展的两分法
农业多功能综合开发	休闲农业、功能农业、智慧农业的三分法
农村产业范围拓展	农业生产主导、农产品加工主导、休闲农业主导、先进要素技术主导等四分法 交叉融合、重组融合等两分法
农村一二三产业融合主体	农户主导型、农民合作社主导型、龙头企业主导型、"互联网+×"型等四分法 新型经营主体主导型、龙头企业主导型等两分法 农业带动型、龙头企业带动型、工商资本带动型、农业服务企业带动型等四分法

农业产业链拓展延伸角度，张天佐[29]、徐旭初[30]认为可以分为以健全和完善农业产业链条为内容的纵向延伸与以挖掘农业价值创造潜力为内容的横向拓展两种模式，并认为延伸农业产业链条应重点推动农产品加工业转型升级、跨区域农产品冷链物流体系建设、农村电子商务以及农产品品牌建设，挖掘农业价值创造潜力应注意对农业非传统功能的挖掘，扶持农民发展休闲旅游业合作社。

农业多功能综合开发角度，王艳春[31]研究认为主要有：以一产加三产带二产为特征的休闲农业、以一产加二产加品牌为特征的功能农业、以一产加二产加三产为特征的智慧农业等三种融合模式。

农村产业范围拓展角度，孙鸿雁[32]认为主要有：以农业生产为根本，单一农产品在同一区域内的三产融合模式；以农产品加工为根本，企业沿着产业链前向或后向一体化发展的融合模式；以休闲农业为载体，将一二三产业向内融合的融合模式。卢连明[34]基于对上海市农村一二三产业融合实践的研究，也得出了类似的融合模式路径。戴春[26]则农村三产间、每一产业内部角度出发，将其归纳为交叉融合与重组融合两种模式。

农村一二三产业融合主体角度，师艳玲[35]、赵海[13]分别基于对广西与江苏、江西、重庆等地的调研，研究认为农村一二三产业融合模式的发展路径可以分为农户主导型、农民合作社主导型、龙头企业主导型、

"互联网+×"型等四种模式,并分别指出了每种融合模式的优缺点。宗锦耀[23]认为其模式路径主要有:以农民合作社等新型经营主体为主导的农户+合作社+加工流通企业融合模式以及以龙头企业为主导的公司+基地+合作社+农户融合模式。王兴国[8]则将专业大户、家庭农场、农民专业合作社等新型农业经营主体归为一类,并从融合主导力量从事的产业部门出发,将其分为第一产业带动型、龙头企业带动型、工商资本带动型、农业服务企业带动型等四类融合模式。

其他学者则将农业产业链拓展延伸、农业多功能综合开发、农村产业范围拓展、农村一二三产业融合主体等角度进行糅合,认为农村一二三产业融合发展的模式路径可以归纳为:沿农业产业链的顺向融合、沿农业产业链的逆向融合、农业产业化集群型融合、农业功能拓展型融合、服务业引领型融合[4]以开发食品短链融合模式[2],"接二连三"融合模式、产业集聚发展融合模式、新型农业经营主体带动融合模式、农村新型业态融合模式[36]。

在农村一二三产业融合的模式路径选择中,学者认为无论选择哪一种或哪几种融合模式,应坚持让农民成为共享利益的主体[23,32],强调对于农业农村自然、文化、生态等资源的综合开发和保护,激活农村要素资源,增加农民财产性收入[30]。

五、农村一二三产业融合发展存在的问题

总体来看,各地区农村一二三产业融合处于起步期,需要进一步地拓展和发育。总结学者们的相关研究,相关问题可以从宏观环境层面、中观产业层面、微观融合主体层面进行分析研究。

1. 宏观环境层面

首先,对于农村一二三产业融合存在认识不足问题。主要表现在:对产业融合的概念认识不清,使得跨产业的分工合作没有大规模发生;对培育产业公地的重要性认识不足,使得农村一二三产业融合发展缺乏共同技术基础;开展农村一二三产业融合发展的最终目的尚需明确,避免融合过程中的实践偏差[6]。

其次,现有政策难以满足发展新需求。从管理制度体系看,目前的管理体制不利于做出全面、长久有效的指导规划[37]。从财政税收金融等

支持体系来看，目前的财政补贴政策重生产轻销售、重产量轻质量[38]，有关税收政策不明确，融资环境欠佳[39]；支持项目自我升级发展困难较多，部分项目缺乏对农户的辐射带动力。此外，从法律法规体系来看，缺乏专业的法律法规保证产业融合的有序健康进行。

最后，公共服务体系支撑乏力。匮乏的农村公共服务，主要表现在两方面。一是基础设施薄弱。一产与二产融合后的农产品的储藏、加工、运输对于仓储、交通、物流等有大规模需求，农村区域网络通信设施不到位、电商人才匮乏，不能利用信息科技技术发展新型农业，提供综合性服务[38]。二是公共和社会化服务滞后。产品认证、资质认证等服务的发展较为滞后，技术创新和技术服务的供给严重不足。

2. 中观产业层面

农业方面。总体来看，农业仍处于为其他产业提供要素和产品阶段，产业间互动融合程度较低。过度依赖于工业化与城镇化，使得农村地区具有地方特色的乡土文化产品在经济发展进程中遭到严重破坏[8]。其原因在于，对农业多功能性认识不足，不能在经济发展过程中对农业多种价值进行深度挖掘和综合开发[7]；农业规模化发展的土地制度不完善，不利于大型农业机械的使用和优良品种的推广，使得其与农业规模化经营、农民增收、市场化运营不相适应问题愈加凸显[11,39]。

农产品加工业方面。总体来看，农产品加工业大而不强。与发达国家相比，我国农产品加工业在要素资源利用、科学技术研发、加工链条拓展、产品类型开发等方面存在不足[8]。主要表现在：全产业链链条较短，品牌、休闲农业等延伸发展不够；全产业链集聚整合力不强，科技研发创新能力较弱，农村资源环境透支严重[39]。此外，企业经营资金缺口较大[11]，全国约有70%的农产品加工企业同时存在长期资金与流动资金缺口，长期资金的缺口率达到22.8%[28]；农产品质量提升方式尚需改进，也是推进农村一二三产业融合发展需要解决的问题。

休闲农业方面。总体来看，休闲农业发展速度较快而发展水平不高。主要表现在：富于创意的精品较少，农业多功能性开发不足，基础设施服务薄弱以及复合型人才缺乏[8,39]。其中，休闲农业和乡村旅游发展所需的资金缺口较大，使得资金问题成为农村地区发展粮食加工业和乡村旅游业最主要的瓶颈。

3. 微观融合主体层面

新型农业经营主体发育迟缓，总体实力还不是很强。新型农业经营主体数量不少，发展水平不高；合作社以资金或土地入股的不多，农民职业化经营程度低下，大部分务农者只有初中和小学学历，涉农人才严重稀缺。除此之外，舒绍茂[40]研究认为：家庭农场大多运行还不够规范，合作社、家庭农场等因农业抵押物少、生产风险大等因素而普遍存在融资难问题。

农业企业实力较弱，对农户的示范带动不足。大型农业龙头企业总体偏少，行业中存在严重产能过剩，企业仓储、人力资源成本等压力不断加大[28]。在融合过程中，农业企业利用其与农户在资源动员能力和谈判地位方面的悬殊差异，使得农户只能处于被动跟随地位，导致部分项目对农户或农村发展缺乏辐射带动效应[4]，不利于农业企业对农户的示范带动。而且，农业企业普遍存在的严重的机会主义倾向，加大农户面临的风险，影响带动农民增收的效果。

各类融合主体利益联结机制不健全。把利益联结机制狭隘理解为对农户的利益分配机制，而很少分析研究如何让产业链核心企业更好地带动一般经营主体提升参与能力、扩大参与机会，从而间接带动农户提能增收等问题，以及如何有效保护所在农村和农户的基本权益，保证其利益不被边缘化[7]。同时，融合主体的机会主义行为也损害了农村一二三产业融合的利益联结机制[38]。

此外，农村一二三产业融合发展过程中，可能出现的农村剩余劳动力的分流转化困难[11]，社会化服务体系严重滞后，农业建设生产附属设施用地紧张等问题[40]，也是应该着重考虑的。

六、农村一二三产业融合发展的对策建议

1. 完善政策法规

农村一二三产业融合发展离不开政策法规的配套支持。首先，必须先打牢农业的基础，稳定农业的地位[6]。完善种粮直接补贴、农机补贴、绿色农产品补贴、地力改良补贴等支持政策，支持一产优先发展。其次，调整和完善支持发展农产品加工业的政策[39]。着重支持农产品精深加工和新业态新模式。再次，制定支持休闲农业、智慧农业发展的政策[40]。

因地制宜地开发多种休闲农业新业态,大力实施"互联网+现代农业"行动计划。最后,统筹支持发展服务业的政策。统一城乡公共服务政策,落实农业走出去与农产品和食品卖出去的对外开放政策,持市场中介组织更好地发挥作用。

2. 做好要素保障

农村一二三产业融合的发展和推广离不开人才、资金、技术、土地等要素保障。首先,人才方面。吸引和鼓励返乡农民工和农业创客发展各类创意农业[8],开展对涉农企业家和农民的技能培训,加快培育新型农业经营组织的发展[25],鼓励工商企业(资本)在农业产业融合中进入适宜领域。其次,资金方面。一方面,提高中央财政农产品产地初加工补助标准,调整完善相关财政资金的使用方向、政策性银行资金等向农产品加工企业倾斜,提高财政扶持资金的精准度和使用效率;另一方面,建立产业融合资金保障,明确支持主体、支持重点、支持内容和支持方式,并制定相应的金融支持政策。再次,科学技术方面。要认清培育产业公地的重要意义[6],积极建设农业科技创新的服务平台,不断强化农业科研成果的转化[28]。最后,土地使用方面。积极开展土地流转,健全土地流转支持政策、农村土地流转服务体系,建立"土地流转信息发布平台"。

3. 完善利益联结机制

利益联结机制的建立和完善关系到农户能否平等地分享到农村一二三产业融合中的红利[25]。一方面,深化对完善利益联结机制阶段性的认识,明确完善农村产业融合利益联结机制的方向;另一方面,完善对农户的利益分配机制,扩大和提升农户参与农村产业融合的机会与能力[2]。在实际操作过程中,积极引导不同经营主体互惠共赢、风险共担,帮助农户以多种形式进入到其他产业,从中获得相应的要素收益。

4. 加强生态环境保护

生态环境是农业发展的基础,也是农业多功能综合开发的物质基础,应加强农村生态文明建设。在农村环境治理方面,积极开展村容村貌整治,完善"以奖促治"农村环境基础设施运行管理的办法;在农业生产方面,积极推广应用农业生态循环技术,开展耕地质量综合提升、畜禽养殖清洁生产等工作[8]。此外,要拓展对于农业自身功能的认识,在利用中保护农业生态环境[6];加大农业多功能性开发,统筹规划农村自然、生态、文化资源;不断优化农业产业结构,创新农业流通方式。

七、其他方面

学者除了从以上几个方面对农村一二三产业融合进行描述性分析之外,还从外国经验借鉴、融合效果评价方面进行了相关研究。

国外经验借鉴方面,学者主要研究了日本、美国、韩国、荷兰、法国、台湾地区等农村一二三产业融合发展情况[41-43],认为推进农村一二三产业融合发展应重视以下几方面:一是推进农村产业融合不能忽视市场经济运行客观规律;二是基于资源禀赋、技术条件等灵活选择具体实现方式;三是以农民利益为主,提高农民组织化程度;四是加大农业科技研发和推广投入力度,强化技术服务支撑;五是加大政策支持,做好财政补贴、金融支持和法律法规保障服务。同时,在借鉴国外经验过程中,要考虑农村居住结构、农产品"地产地消"传统等方面所存在的诸多不同之处,应本着客观、谨慎的态度借鉴相关经验。

融合效果评价方面,学者利用多种实证分析方法对农业与旅游业、综合服务业、物流业、金融业、信息产业、生物产业等产业融合发展的情况进行了评价,研究结论多显示:农业与其他产业的融合发展仍处于初级阶段和低水平状态[44]。在研究方法方面,主要采用了基于授予专利数的赫芬达尔指数法、基于评价指标体系的层次分析法、基于投入产出标的产业关联分析法、基于产值贡献度的主成分分析法、基于DEA-Malmquist生产率指数的计量分析法、基于VAR模型的方差分解等计量方法、基于调研数据的统计分析法。这些实证分析为农村一二三产业融合评价研究提供了借鉴,但因其主要从产业关联角度分析农业与其他产业的互动关系而忽视农村一二三产业融合的内涵意义,使其效果评价仍存在诸多不足。

第三节　国内农村一二三产业融合的现状

一、农产品加工业快速转型升级，引领产业融合发展

从 2001 年开始，中国农产品加工行业发展速度非常快。截至 2014 年，中国涉及农产品加工企业的数量已经达到 45.5 万家，其中规模以上的农产品加工企业，主营业务收入达到 184 800 亿元，2005—2014 年的 10 年平均增长 19.4%，加工与农业产值比达到 2.1∶1。农产品加工业呈现出向主要生产区域和城市近郊区集中聚集的发展趋势，山东、河南、内蒙古等 10 个省（区、市）的肉类加工量占全国总量的 80%，农产品加工业对产前和产后的引领推动作用逐步显现。

二、休闲农业潜力大，已成为产业融合的主要业态

休闲农业进入了一个快速发展的时期。2016 年全国休闲农业和乡村旅游接待游客近 21 亿人次，营业收入超过 5 700 亿元，相当于我国农业增加值的 8.9%，从业人员 845 万，带动 672 万户农民受益。逐步提高休闲农业产业的质量，截至 2014 年，先后建立了全国休闲农业和乡村旅游示范县 149 个，386 个示范点，140 个中国最美的休村，248 个中国美丽田园。休闲农业功能得到不断拓宽，品牌影响力提高，向全产业链延伸，产业布局优化，成为一二三产业融合发展的重要载体。

三、农产品营销和农村电子商务不断创新，加速产业融合发展

农产品营销中介不断壮大，中小企业以农产品代理商营销模式为主，大企业以农产品分销商的营销模式为主，农超对接模式快速发展，文化融合营销模式创新发展。依托于信息技术发展的快速更迭，"互联网+农业"发展的速度也越来越快，全国农村网络零售额达 8 945 亿元，相当于我国农业增加值的 14%，解决了 2 000 万人的就业问题。农村电子商务

"跨越式"发展，2016年全国淘宝村突破1 000个、淘宝镇突破100个，广泛分布在全国18个省（市、区）。江苏、浙江和山东省开始出现淘宝村（镇、县），为农民的创业提供了成本更低、途径更广的网络平台。农产品营销业和农村电商发展加速产业融合发展，有效地缓解了农产品销售问题。

四、集群化、产业化快速发展，推动产业融合纵深发展

各地积极探索新型产业化组织模式，创新产业融合机制。目前，中国新型农业产业化组织形式大致可以分为4种类型："公司+家庭农场""公司+社会组织+农户""合作社+合作社"、现代农业产业联合体。"一村一品"快速发展，形成集群化的产业融合。总体而言，"一村一品"设计不断扩展，总体规模稳步增长；地域特色日渐明显，产业优势更加突出；模式推广更加有效，发展机制不断创新。从过去以种植为主向以种植业、养殖业、休闲观光农业、农副产品加工、运输销售等相关服务及非农产业融合转变，覆盖的产业领域不断拓宽。

中国农村一二三产业融合发展势头迅猛，但处在初级阶段，在发展中还存在着如下问题：农产品加工业总体水平不高，在产业融合中引领带动作用有限，龙头企业竞争力弱，产业化机制不完善；休闲农业发展处在初级阶段，产品雷同，规模小散，融合深度不够；农产品营销业及电子商务、农村物流等发展滞后，这些都会制约一二三产业融合的顺畅发展。

第二章 理论基础

第一节 经济学理论

一、产业结构理论

产业结构理论以产业间的技术经济联系和联系方式为研究对象。产业结构从概念上看可以是某产业内部各部门之间的关系,也称为产业组织理论;也可以是各产业间的关系结构,这一说法起源于日本;还有说法是把产业的地区分布状况也纳入其中。因此,通常人们将包括产业组织理论的产业结构理论称为广义的产业结构理论,将研究产业之间关系结构的称为狭义的产业结构理论。产业之间关系结构的研究存在两种形态,一种是研究产业间比例变化关系的,称为产业发展形态理论,也是另一种狭义的产业结构理论;另一种是研究产业之间投入产出联系的,即投入产出理论。

1841年李斯特在其《政治经济学的国民体系》一书中提出了产业结构阶段论,划分了国家经济发展必然经历的五个阶段,即原始未开化期,畜牧时期,农业时期,农工业时期,农工商时期。他还提出政治制度,科学技术,人员素质,民族精神等都是生产力发展和工商业繁荣的重要源泉,要采取一系列措施,如国家干预经济,实行关税保护,扶植本国幼小产业等。李斯特的理论和国家干预经济思想也影响了后来产业经济学和日韩等国家的政策。在产业结构理论中最著名的是配弟-克拉克定理。配弟-克拉克是研究经济发展中的产业结构演变规律的学说。17世纪威廉·配弟在其《政治算术》中指出制造业比农业能得到更多的收入,进而商业能够比制造业得到更多收入。配弟对各个产业收入的不同描述揭示了产业间不同收入差异的规律性。科林·克拉克通过搜集若干国家的按年代推移，按照三次产业分类法整理的劳动力在一二三次产业之间移动的统计资料，得出规律性结论："随着经济的发展，随着人均国民收入水平的提高，各产业间出现了附加值也就是收入的相对差异，劳动力自然的向高收入的产业移动，劳动力首先由第一产业向第二产业移动；当人均国民收入水平进一步提高，劳动力便向第三产业移动，劳动力在产业间的分布状况是第一产业减少，第二产业和第三产业将增加"。由于科林·克拉克的研究只是印证了配弟的发现，因此这一成果称为配弟-克拉克定理。库兹涅茨在配弟-克拉克的理论基础上，进一步深化提出了人均收入影响理论。第一次产业的相对国民收入在大多数国家都低于1，而二三产业都高于1，从时间系列分析上看，国民收入下降比重程度超过劳动力相对比重。第二次产业的国民收入相对比重上升是普遍现象，但由于不同国家的工业化水平差异，劳动力相对比重总体微升或无大体变化，因而相对国民收入是上升的。第三次产业的情况，从时间系列分析来看，表现为下降趋势，但劳动力相对比重上升。

二、交易费用理论

交易费用，或说交易成本，一般来说就是经济制度的运行成本，包括制度的制定、实施、监督维护以及变革和组织所产生的成本。交易费用被视为市场经济的噪音，它取决于人的有限理性、机会主义和资产专用性和交易频率等，产生于人类的利益纠葛和复杂社会关系，根源于日益专业化和复杂化的劳动分工，可见交易费用势必是存在的，不以人的意志为转移。

马克思在1885年在《资本论》第二卷中提出流通费用与交易费用类似，并有着深刻的论述。他认为纯粹流通费用包括买卖所花费的时间，簿记费用，货币磨损费用，此外还有保管费用和运输费用。康芒斯于1934年在其《制度经济学》一书中提出的交易，作为正统的经济学范畴概念。他认为交易是"个人之间分割和获取对有形物品未来的所有权"，是一种所有权的转让，交易的过程存在冲突，并将交易视为制度的基本单位，无数种交易有机组织构成制度的运转，他还将交易分成买卖的交易、管理的交易和限额的交易三种类型。科斯1937年在《企业的性质》一文中对新古典经济学价格机制提出质疑，在文中指出"使用价格机制是有代价的"，市场交易存在成本，企业的本质是作为一种与市场不同的交易组织形式。阿罗于1969年将交易费用定义为"经济制度运行的费用"，威廉姆森进一步系统研究了交易费用理论，对交易费用的内涵外延作了新的解释，认为交易费用是"经济系统运转所要付出的代价或费用"并将交易费用区分为事前交易和事后交易；论证了交易费用的产生是来自资产专用型、机会主义、有限理性、交易频率等诸多方面，并将交易费用的理论应用到经济组织问题中。威廉姆森的理论认为，交易费用是普遍存在的，交易费用的产生取决于人的因素、与特定交易有关的因素及交易市场环境因素三个方面：一是人的因素。人的因素是对人行为的两个基本假设，他认为经济生活中的人并非如古典经济学所说的具有理性行为经济人，而是具有有限理性和机会主义行为处于交易之中的"契约人"，正是由于有限理性和机会主义行为导致了交易成本的产生。二是与特定交易有关的因素。威廉姆森提出了资产专用性、交易的不确定性和交易频率决定交易性质的三个维度。当一项投资被用于特定的交易时资产就具有专用性，此时如果交易提前终止，这部分资产将无法改作他用，因此契约和组织的保障将会降低交易成本，这也是产业进行紧密连接的内在动力。三是交易的市场环境因素。交易的市场环境因素指的是潜在交易对手的数量。若存在专用性人力或物资资产投资的支持，完全竞争市场将变为垄断市场，交易终止将造成损失，垄断方增加了机会主义行为的可能性，非垄断方为了维持交易继续将付出很大的成本代价。交易费用具有两种典型情形，一是使用市场的费用，二是企业内部管理运行的费用，此外制度框架的运行调整也涉及一定的费用安排，通常将交易费用划分为市场型交易费用、管理型交易费用和政治型交易费用三种。市场型交易费用主要包括信息和谈判费用，具体包括搜寻和信息费用、讨价还价和决策费用、监督和执行费用。其中监督和执行费用是因交货时间需要监督、产品质量和数量需要度量而产生的。管理型交易费用主要指建立、维持或改变一个组织设计的费用和组织运行的费用。政治型交易费用是在不同制度结构下，交易组织方式不同，交易费用也就不同。交易费用的变化可以体现出制度结构的变化，一种好的制度具有降低交易费用的内在动力。

三、制度变迁理论

制度变迁会改变交易成本,形成新的功能。制度变迁是制度的稳定性、环境变动和不确定性以及潜在利益最大化之间冲突的结果,是在外部环境变动下的重新求解。制度变迁的诱因最主要方面是主体能够获得最大潜在利润,对于非正式制度当潜在收益大于成本时,制度变迁才可能发生;对于正式制度,由于"搭便车"导致供给不足,为追求最大租金和最大产出,国家则作为专业化的制度创新供给者。无论哪一种其主旨都是通过制度创新实现潜在利益最大化。此外,意识形态等制度装置、信息成本、技术变化也是制度变迁的诱因。创新时滞、认知局限、创新成本和路径依赖等是制度变迁的约束因素。同时,社会行动团体分为创新者、跟随者、模仿者和相关者,他们之间相互作用,共同推动制度变迁。初级行动集团和次级行动集团分别是制度变迁的创新者和跟随者,他们具有识别潜在利益和认知上的优势,是诱致性制度变迁的主要推动者。模仿者和相关者往往是相关组织或政府,通常是强制性制变迁的推动者,与创新者和跟随者共同推动制度变迁。

制度变迁的需求诱致性变迁、国家强制性变迁与激进式变迁、渐进式变迁的组合可以产生不同的模式形成不同的内在机理。诱致性变迁与强制性变迁本身并无好坏之分,只是其变革的主体不同,前者来自基层程序往往是自下而上;后者的主体是国家或政府,凭借其强制力,可以降低组织成本和实施成本。激进式变迁与渐进式变迁是从速度的角度来考察的本身也并无优劣之别,前者以终极目标为参考系,一步到位、破立并存;后者则是采取累增和阶段性的突破,逐步推动。

四、趋同理论

"趋同"原是生物学术语,20世纪40年代后,西方资产阶级学者将这一术语引入社会科学领域。美国社会学家索罗金(1949)所写的《俄国与美国》一书中首先使用这一概念。到20世纪60年代,随着经济的国际化,趋同论的观点被更多的人所接受,并进一步系统化。主要代表人物有荷兰的经济学家丁伯根、美国的社会学家贝等。趋同论是个极为广泛的概念，涉及面很广，有"改革趋同论""所有制趋同论""市场化趋同论""生产力发展趋同论""价值体系趋同论""管理趋同论"，还有科学技术决定论、所有制趋同说、市场经济与计划经济有机结合说等。趋同的动因，从经济学的角度分析，一是趋同点的社会交易成本最小化，这里的交易成本最小化包括有趋同行为协调成本最小化（偏好一致或外观一致）、信息交流成本最小化（思想或观念的一致性）、运作成本或结构成本（体现为同类组织之间融合成本小于非同类组织之间的融合成本）、制度成本（相同体制企业或产业之间的资源整合成本小于不同体制之间的资源整合成本）四方面。二是趋同收益递增性。

五、多功能农业理论

农业除了具有产品和经济功能以外，还具有生态与环境功能、文化与休闲功能、就业与社会功能、政策与示范等功能。农业多功能性的提出可以追溯到20世纪80—90年代，随着日本提出的"稻米文化"的兴起。1992年通过的《21世纪议程》中正式采用了农业多功能性这一提法。多功能农业问题的提出与经济全球化和世界贸易组织（WTO）贸易规则密切相关。在农业生产力的发展推动着农业国际化的进程中，经济全球化的制度性过程对农业的影响愈发突出。在关税及贸易总协定（GATT）第八轮谈判（乌拉圭回合）中，第一次将农业问题纳入世界贸易多边谈判，其中重要内容就是如何促进农产品国际贸易自由化。由此乌拉圭回合所形成的《农业协议》就是这样一种制度性保障，并对此后成立的WTO仍然具有很强的约束力。虽然各成员对促进农产品贸易自由化表示认同，但是如何促进农产品贸易自由化，如何解决相关成员各自的内部问题，各成员则是由各自的利益和不同的主张。国家各种直接或间接对农业的资金支持常常不计入成本，容易造成国际贸易价格扭曲，所以各国围绕这种国内支持的争议颇多。农业多功能性的问题出便由此而来，在一些国家还上升到了农业政策和法律的高度。农业具有经济功能、生态功能、文化功能和社会以及政治功能。

农业多功能性可以定义为：指农业不但具有经济功能、社会功能、政治功能、生态功能、文化功能，这些功能主要表现在提供农户产品的基本功能、提供劳动就业和社会保障、保持社会和政治稳定、对生态环境的支撑和改善、保护文化的多样和休闲等方面；还表现出了多种分功能。且农业的多种功能表现出相互依存、相互制约、相互促进的有机系统特性。

第二节 农村一二三产业融合的内涵分析

一、产业融合的本质

作为市场交易的最初表现形式，人与人之间的直接商品交换加速了市场分工，提高了生产效率和生产力水平。市场交易的频繁发生，使得交易费用急剧上升。作为具有相似或相同技能的两人或多人联合的组织——企业成为价格机制的替代物，有效降低了市场交易费用。至此，单个企业间的产品交易成为市场交易的主要内容。此时的企业主要从事单一产业部门的产品生产，即单一型企业。随着交易产品的日益多样化、产品交易的日益频繁化，一对一的企业间交易也面临交易费用上升的问题。当市场交易费用高于企业组织费用时，原来由两个或多个企业组织的产品生产将被一个企业组织替代，此时便出现了"联合"，即跨产业部门的复合型企业。而这一联合过程，就是产业融合过程。

在这个过程中，人与人之间的市场交易产生了单一型企业，单一型企业与单一型企业之间的市场交易产生了跨产业部门的复合型企业，即在企业内部发生了产业融合。具体来讲，面对同一消费主体表现出的多样化市场需求，各个企业一开始只是针对需求的某一方面，利用自身比较优势，满足了消费者的部分产品服务需求。随着企业生产规模的不断发展，为了寻求交易费用降低和规模经济、范围经济、要素集聚效应等，企业通过产品功能深化或产品功能拓展等方式，把消费者的多方面需求纳入到同一企业经营范围之内，表现为产业间的融合发展。因此，产业融合的本质是企业交易成本的内部化，其过程为产品供给由多个企业主体分别完成转变为同一企业主体单独完成。

二、农村一二三产业融合的内涵

从世界各国的农业实践看,一家一户的分散型家庭经营是农业生产的组织基础。随着农业生产从自给自足的自然经济发展到专业化、集约化的商品经济,农业的家庭经营方式使得农户需要小规模、高频率进入市场,交易费用急剧增加,大致包括获得价格信息、谈判、维护及签约成本以及监督、解决争端、重新协商、仲裁、诉讼成本等。从现阶段农户所处的市场环境来看,农业的家庭经营方式已经不能适应城乡居民对于农业生产的消费需求与综合开发农业多功能的生产需求,需要借助先进的组织形式。根据交易成本理论分析,只要单个农户所分摊的组织制度成本小于一般的市场交易费用,农户就有动力选择一定的组织形式进入市场。因此,农业生产要适应目前我国城乡居民消费结构升级的新形势,改变以往简单农业生产状态,就必须采用新的组织模式,降低交易费用。

作为农村产业发展的新形态,农村一二三产业融合的初始动因和最终目的都是为了节约交易费用,改善农产品(服务)的供给效率。主要表现在:一是能够缩短农产品生产与消费间的交易距离。农村一二三产业融合后,通过互联网等信息技术,低成本、全方位地搜集市场需求信息,由复合型市场经济组织统一完成农业多功能开发,增强农产品供给结构对其需求结构变化的适应性,实现供需一体化。二是跨产业存在的扁平化、柔性化经济组织能够降低市场交易费用,发挥生产要素的集聚效应。在农村一二三产业融合中,不同产业的企业利用战略联盟、兼并收购等组织创新,通过农业与旅游、文化、创意等产业的横向融合以及生产、加工、销售、服务等环节的纵向融合,节约交易费用。

综上,本文认为:农村一二三产业融合是以农业多功能综合开发为核心,以满足多样化消费需求为前提,利用技术创新、制度创新,通过纵向的农业产业链深化、横向的农业功能拓展等形式实现农业内部各部门之间、农业各部门分别与第二、三产业各部门两者之间以及农业、第二产业、第三产业三者之间的交易成本内部化,不断产生农业新业态、新模式的过程。

第三节　农村一二三产业融合的效应与动因分析

一、农村一二三产业融合的效应

1. 有利于降低市场交易费用

随着农业多功能综合开发的不断深入，任何单一企业在模块化生产的背景下只能在产业链某一个或者几个环节上取得相对优势。而随着农村一二三产业融合的发展，产业要素将得到整合、资源配置效率将得到提高，农业与相关产业的关联性增强，农村产业价值链得到延长和拓宽，其规模经济效益得到充分发挥。融合后的农村跨产业价值链不但能够推动具备不同要素资源优势的关联主体间技术融合、产品融合、市场融合，还能够优化农村跨产业价值链，实现产业链中各市场主体的整体最优，降低单一产业链内部各环节间以及跨产业链间的市场交易费用。

2. 有利于提升农业竞争力

以新技术、新产品、新业态为特征的农村一二三产业融合作为一种突破传统范式的产业创新形式，正冲击并变更着传统的农村产业结构，加速实现农村产业结构的优化升级。产业融合与产业竞争力提升相互间具有内在的动态一致性，是影响产业竞争力提升的重要因素。农村一二三产业融合利用纵向上的农产品功能深化与横向上的农业功能拓展等形式，能够形成共同的技术和市场基础，实现相关产业间的边界模糊化和发展一体化。农业与这些高成长性产业一旦形成了广泛关联，经过产业融合和产业创新的连锁反应，能够提高农村各产业开拓市场、占据市场并获得利润的能力，使得农村产业结构获得合理的调整和布局，从而提高农业产业竞争力。

3. 有利于促成新企业的产生

随着消费者需求的日益多样化、个性化以及生物技术、信息技术、仓储物流的快速更新，农村三产的早期进入企业会捕捉到积极的市场信号并传递给关联企业，通过与相关企业合作带动生产投入，以达到生产要素深度开发和交易费用降低的目的。伴随着企业间持续性交流，企业信息交换频次增多，能够形成知识外溢效应与新知识，有利于营造良性的融合创新氛围，降低新企业诞生和进入的产业壁垒和市场风险。同时，农村一二三产业融合的完善需要不同层次的市场主体，企业原有业务可能获得新生、交叉领域可能涌现新业务。根据经典的"结构追随战略"的要求，企业新业务的有效开展需要与之匹配的组织形态，也就为新企业的诞生和发展提供了市场空间。

4. 有利于塑造农业产业品牌形象

我国农业发展已进入品牌化时代，农业品牌创建是当前农业农村改革发展的新课题。随着农村一二三产业融合的深度发展，关联企业间以及价值链支持部门的空间集聚情景、融合产业的地域特色将日益明显，为打造有影响力的农业品牌提供了坚实的产业基础。同时，区域农业产业品牌一旦形成并得到市场认可，便会带来稳定的消费群体和经营利润，带动区域经济发展，推动政府部门完善相关公共服务；而完善的政府公共服务，又将进一步为技术、资本等生产要素集聚、配置提供便利，促进关联企业信息共享和相互协作，进而增强农业产业品牌的市场竞争力，形成产业融合与产业品牌塑造的良性互动。

5. 有利于加快城乡经济一体化

农村一二三产业融合的形成和深化，不是一个或几个企业集团所能完成的，必须从农业转型、城乡协调的视角来审视。农村一二三产业融合过程是资源要素以农产品功能深化与功能拓展等各种形式在农村地区集聚，产生新业态、新模式的过程。在这一过程中，既可以吸引城市地区加工、物流、商贸、文旅等关联企业集聚，又可以通过产业创新形成新的关联企业，共同形成以空间集聚为主要特征的企业网络。这一企业网络将逐步成为城乡要素资源流动的主要载体，加速城乡资源流动与重组，有利于加强城乡间贸易活动、打破城乡交流壁垒、改善城乡二元结构、提高区域经济效率，进而实现城乡经济一体化发展。

二、农村一二三产业融合的动因

农村一二三产业融合是通过技术创新和制度创新两条路径来实现交易成本内部化，并由市场需求扩大提供外部牵引力、农业多功能综合开发提供外部推动力，四者共同构成农村一二三产业融合的驱动因素。如

图 3 所示。

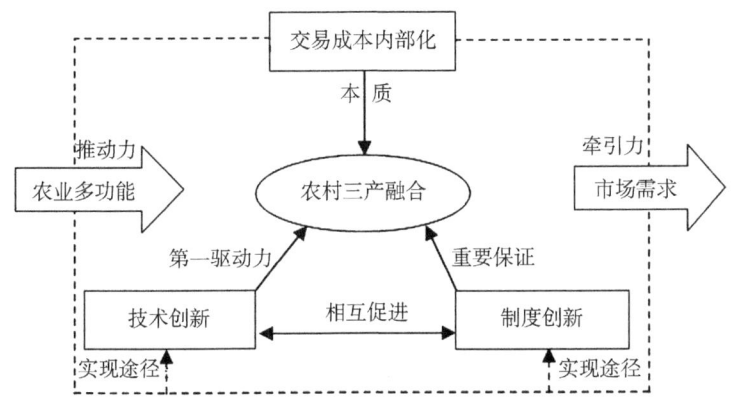

图 3　农村一二三产业融合动因的分析框架

1. 技术创新是第一驱动力

新技术在农业生产中的应用，有利于实现农业生产的智能化、数字化、信息化，打破农业内部各部门之间以及农业与第二、三产业之间的技术壁垒，改变农产品生产特征以及价值创造过程，逐步消除农村不同产业间的边界。可以说，技术创新是农村一二三产业融合的第一驱动力。以分子标记技术为引领的新一代生物育种技术在农业领域的应用，使得农业科技研发与农业生产的融合互动水平显著提升，由此衍生而来的现代农业与精深加工、生物燃料、纺织等第二产业的融合互动也逐步展开。同时，互联网信息技术、物联网技术、信用支付技术、仓储物流技术等在农业生产经营中的应用，使得农业与电子商务、现代物流、金融借贷等第三产业深度融合。大量涌现的淘宝村就是典型代表。全国淘宝村2016 年突破 1 000 个、淘宝镇突破 100 个，广泛分布在 18 个省（市、区），表现出产品创新化、网商企业化、电商服务体系化、发展模式多元化等特征。淘宝村、淘宝镇的形成和发展不仅解决了传统农业生产中经常面临的农产品销售问题，减少中间环节，实现农产品生产消费的一站式链接，还实现了包装设计、仓储物流、培训管理、广告营销等第三产业在农村地区的兴起和集聚。

2. 制度创新是重要保证

技术创新的研发、转化与实现，要求相应的制度创新通过产权、组织、管理等途径支持创新行为和保护创新成果；反过来，技术优势明显的创新产品又支持制度创新，使其成果得以显现在商业价值上。农村三产的深度融合离不开新技术的研发与应用，需要与之匹配的制度创新；同时，农村一二三产业融合本质在于交易成本内部化，也需要相应的制度供给。因此，农村一二三产业融合的演进与升级在一定程度上取决于制度创新以及制度创新与技术创新的匹配和融合。可以说，制度创新是农村一二三产业融合的重要保证，主要包括宏观层面的政府政策创新以及微观层面的企业制度创新。政府部门可以通过机制体制革新、出台扶持政策等手段为农村一二三产业融合提供良好的制度保障，例如，农村土地"三权分置"制度的制定与实施，有效促进了新型农业经营主体的生成与发展，发挥了农业专业化经营的分工效应和规模经济效应，为农村一二三产业融合提供了劳动力资源与空间资源。同时，面对农村一二三产业融合带来的产业边界模糊、企业竞争加剧、新业态涌现等现象，相关企业必须打破原有的组织结构，在更广泛层面增强技术创新能力，构建更具开放性和动态性、更利于技术创新与新业态形成的企业组织形式。

3. 市场需求是牵引力

21世纪以来，我国城乡居民的消费理念急剧变化，农产品消费日益多样化和营养化，农产品消费结构呈现持续升级的趋势，这就要求农业生产应从单纯地提供初级产品向精深加工方向转变，积极发展农产品精深加工业。同时，随着城乡居民收入水平的提高，在工作和闲暇时间的选择上逐步出现经济学意义上的劳动供给曲线向后弯曲的情况，城乡居民的闲暇时间增加，并转变为居民消费需求的增长。休闲旅游成为城乡居民精神消费和服务消费的重要内容，而目前城市地区的休闲氛围不尽人意，与农业多功能性相关的休闲旅游、文化体验等消费需求持续扩张，促使了农业与旅游创意、文化教育等产业的深度融合。可以说，市场需求是农村一二三产业融合的牵引力。数据显示，2012年中国休闲农业与乡村旅游从业人员2 800万，占农村劳动力的6.9%，年营业收入超2 400亿元、接待游客近8亿人次；并且休闲农业与乡村旅游年营业收入、接待游客数量不断攀升，开始由2013年的2 700亿元、9亿人次增长至2016年的超5 700亿元、近21亿人次，同比增长30%。中国休闲农业和乡村旅游发展呈井喷式发展势头，为农村一二三产业融合提供了巨大的市场需求。

4. 农业多功能是推动力

现代农业是具有多种功能的农业，多功能性是其显著特征。在农村一二三产业融合过程中，农业各项功能将整体地、持续地参与到满足城乡消费需求、改善农业供给结构的市场交易中，使得长期处于低效率、无效率运转的生态、文化等功能资源也能够得到有效利用，推动农业与旅游、文化创意等第三产业深度融合。可以说，农业多功能是农村一二三产业融合的推动力。一方面，充分挖掘农业粮食生产、经济、社会、生态、文化功能，发挥农村地理空间广阔、生态环境优越、文化底蕴浓厚等资源优势，有利于满足消费市场对于食品安全、休闲观光、农事体验、亲近自然等多样化需求，不仅能为新业态的形成和发展提供产业基础，也有利于改善农村生态环境破败、文化资源流失的局面。另一方面，坚持农业多功能综合开发能够保证产业融合产生的利益更多地保留在农村、实现农民的就近就业和增收，避免过去农业对接第二、三产业时所出现的单纯地将农业视为原料供应部门的现象。

第三章 贵州兴义农村一二三产业融合发展模式

西南山区作为我国集中连片特困区之一，是"老、少、边、穷"特征十分显著的特殊贫困地区，长期以来经济社会发展相对滞后，是我国贫困地区农业发展的一个缩影。本报告试图通过对该地区的兴义市农村一二三产业融合模式的深入分析，概括兴义地区农村一二三产业融合发展的趋势和规律，剖析产业融合的良性运行机制，最终从农村一二三产业融合的视角对西南山区的现代农业发展找到可行的道路。

第一节 兴义市农业发展概况

一、农业与农村经济概况

兴义市是贵州省和黔西南州重要的农业大县，农业经济在国民经济中占有重要的地位。在全市生产总值318.60亿元中，农业的贡献率达到10.90%；现有户籍农业人口69.62万人，占总人口的82%，农村从业人员44.16万人，占劳动力总数的86.7%。

近几年省、州、市三级政府部门都十分重视兴义市现代农业的发展和新农村的建设。特别是"十二五"以来，兴义市委市政府大力发展现代农业，稳定、完善和强化扶持农业的政策，建立稳定增长的支农资金渠道，着力调整优化农业产业结构，扶贫开发和新农村建设扎实推进，农业产业结构不断优化，突出发展了优质粮食、烤烟、生姜、板栗、茶叶、中药材、畜牧等为重点的优势农产品，农业综合生产能力明显增强，现代农业产业链初具雏形。

二、主导产业及产品情况

"十二五"期间,兴义市大力推进特色种植业、特色林果业、中药业和畜牧养殖业的产业化经营;重点培育烤烟、油菜、茶叶、中药材、核桃、板栗、优质稻、蔬菜、芭蕉芋、水果、甘蔗、生姜、马铃薯、花卉、生猪、肉牛、肉羊、禽、鱼等19个主导产品的产业化建设,建立和形成优势产业体系和优势产业带。

2015年,全市粮食总产量25.32万吨,油菜籽产量12 561吨,板栗、核桃、水果、烤烟、茶叶、中药材、甘蔗、生姜种植面积分别达到18万亩(15亩=1公顷。全书同)、13万亩、12万亩、8.56万亩、7.1万亩、10.2万亩、5万亩、3.6万亩。

2015年,兴义市肉类总产量达5.65万吨。肉牛存栏14.62万头,出栏4.17万头,牛肉产量达到0.52万吨;生猪存栏68.63万头,出栏72万头,猪肉产量达到5.71万吨;羊存栏4万只,出栏3.09万只,羊肉产量达到0.06万吨;家禽饲养量300万羽,其中:鸡245万羽,鸭31万只,鹅10万只,禽蛋产量8 500吨。水产品总产量2.1万吨,其中:养殖产量2万吨,捕捞产量0.1万吨,渔业总产值2.8亿元。

三、产业区域布局情况

由于兴义市地形复杂、气候多样、农户种植传统差异大,形成了明显的农业生产的区域差异,不同区域种植品种、发展模式各有特色。

1. 高海拔山地区

主要包括敬南、捧乍、鲁布格、白碗窑、威舍、清水河、七舍、猪场坪8个乡镇,这些乡镇主要分布在北部和中西部山地,大部分地区海拔高、气温低、土地坡度大,农业生产条件一般,以传统粮食、特色林果种植和生猪、家禽养殖为主,农业比较效益不高、产业链不完善。主要种养殖品种有粮食、核桃、水果、茶叶、烤烟、生猪、家禽等。

2. 沿江区

主要包括泥凼、南盘江、三江口、仓更、沧江、洛万6个乡镇,这些乡镇主要集中在南部沿江地区,地势相对平坦,生产条件较好,除传统种植业发达外,一些高效特色产品如热带水果、反季节蔬菜等发展势头好,加上水产养殖业和休闲观光农业的带动,农业产业整体发展态势强劲。主要种养殖品种有板栗、茶叶、甘蔗、精品蔬菜、热带水果、生猪、水产等。

3. 城市辐射区及其他

黄草、坪东、下午屯、兴泰、木贾等乡镇街道是兴义市城区的主要组成部分,以城市功能和二、三产业为主,农业比重小;乌沙、马岭、则戎、桔山、丰都、万峰林等乡镇街道构成了为城市服务的城郊型都市农业区,农业生产以保障城市居民生活需要为主,如蔬菜、生猪、农家乐、农产品加工等,农业产业具有产值高、比较效益高的特点;顶效、万屯、郑屯和鲁屯,属于顶效开发区辖区,雄武矿产资源丰富,矿产开发是当地的主导产业,农业区域特色不鲜明。

四、新型农业经营主体建设情况

全市龙头企业达220家(其中:省级龙头企业15家;州级龙头企业112家;市级龙头企业93家),涉及粮油加工、茶叶、花卉、传统腌腊制品、饲料加工等多个行业。成立了215个农民专业合作社,涉及果蔬、水产、畜牧养殖等多个产业,农户参加合作社比重达到66%。其中,顺琼养殖农民专业合作社于2011年获州龙头企业称号,2012年获州级示范社称号。农业合作组织的示范带动作用日益显著,带动兴义农业逐步朝产业化、规模化、集约化、公司化方向发展,对农业增效、农民增收做出巨大的贡献。

以阳光工程、农村转移劳动力培训工程为主体的新型农民培育体系每年培训农民4.5万人次左右。兴义市从2004年起一直是国家阳光工程农村劳动力培训实施示范县(市),现有经过培训资质认定的培训基地五个,连续九年按时按质按量或超额完成培训任务。仅阳光从工程一项就培养了18 069名新型农业人才,其中转移就业8 679人、就近就地就业9 099人、农民创业291人。新型农民培育体系显著提高了兴义市农村劳动者的科技文化知识水平,增加了参训学员的有效收入,获得了良好的社会效益。

第二节 兴义市一二三产业融合发展具有的优势

一、气候垂直多样性适宜立体生态农业发展

兴义境内几乎全是山地丘陵，地势起伏大，相对高差常达 300～700m，最大高差达 1 300m，气候类型多样，气候的垂直差异悬殊。境内海拔在 1 500 以上，相对高差在 700m 以上的山地，都有明显的气候、生物垂直分带现象。山地的这种垂直差异性，形成了兴义丰富的生物资源，仅农作物品种就达 530 余类，另有干鲜果种类 30 余种。这不仅是培育优良新品种的宝贵"基因库"，而且可以利用特有的品种资源和多样性的气候，生产反季节农产品，发展新型特色产业，为兴义市全面发展农、林、牧、渔业，建设山地立体生态农业提供了自然基础。

二、优良的生态环境利于有机绿色农产品生产

兴义境内山区多、开发程度低，环境污染较大的化工、冶金等企业相对较少，农用化学品的施用量少，所以水资源和土地资源受污染较轻，环境状况也明显优于发达省区甚至周边省区，十分适合发展无公害食品、绿色食品和有机食品。

三、国家扶贫政策倾斜力度大

兴义市所在区域一直是国家扶贫重点地区，是中央重点支持的"集中连片特殊困难地区"扶贫攻坚的主战场之一。2012 年 6 月 28 日，国务院在贵州省兴义市召开滇桂黔石漠化片区区域发展与扶贫攻坚启动会，正式启动滇桂黔石漠化片区区域发展与扶贫攻坚规划的实施工作，并将现代农业列为未来产业扶贫的重点。到 2020 年，中央将逐年加大对片区的资金投入，建立和完善片区内各县的基本财力保障制度，引导信贷资金和社会资金投向片区。并研究制定一批专门面向片区的、含金量高的、针对性强的特殊政策，包括财政政策、税收政策、金融政策、投资政策、

产业政策、土地政策、生态与资源补偿政策、帮扶政策、人才政策等。这些优厚的扶贫政策将为兴义市现代农业的发展提供良好的助力。

四、旅游业的带动作用明显

兴义市被誉为中国优秀旅游城市、中国最佳休闲旅游城市、中国十佳休闲宜居生态城市、中国最美的地方、中国西部旅游明珠。2012年兴义市年接待旅游者332.35万人次，有效带动了特色农产品销售、休闲观光农业发展和基础设施条件的改善。

五、有一定的区域经济优势

兴义市属于经济欠发达地区中发展较好的县市，地区经济实力较强，综合经济实力在贵州省经济强县（市、区）和西部百强县（市、区）中都名列前茅，城镇化、工业化发展也十分迅速。雄厚的经济实力和工业化发展，为工业反哺农业、多予少取等支持现代农业发展的优惠政策提供了有力保障。另外，兴义市城镇化水平的快速提高，为农村剩余劳动力转移、引导乡镇企业合理集聚、完善农村市场体系、发展农业产业化经营和社会化服务打下良好的基础，并为现代农业发展提供广阔的市场和持久的动力。

六、绿水青山的环境容易形成产业融合的后发优势

黔西南州兴义市属于西部欠发达地区，工业较少，污染轻，在这未来产业融合过程中，要摒弃以往沿海地区"先工业后旅游"的发展模式，污染企业不会引进，以旅游之名行圈地之实的企业不会引进，也不会大搞拆迁，避免其他城市早期工业化的教训。通过旅游去融合一二三产业发展，实现转型升级。兴义市通过加快旅游业发展带动、促进新型工业化发展，以及服务业的形成，实现工业化、城镇化、农业现代化同步发展；通过产业融合，形成新的经济增长点。

第三节　兴义市农村一二三产业
融合发展的典型模式

伴随着当地农村发展和农业转型升级，农村一二三产业融合的新业态和新模式不断涌现，有力地推动着当地农业向纵深发展，农业的多种功能得到了深度挖掘，传统"三农困局"面临的诸多瓶颈和制约在产业跨界融合过程中逐步消解。

一、绿色循环农业融合模式

绿色循环农业融合模式是指种植业、养殖业、畜牧业等子产业依据产业链基本原理在经营主体内或主体之间建立起产业上下游之间的有机关联，采用循环产业链，提高资源综合利用率。该模式的最终目标是建立起"资源—产品—废弃物—再生资源"完整的农业生物产业链。如第一产业内不同类型之间的整合，即种植与养殖相结合，种植和养殖资源循环利用；也包括一二三产业间的纵向循环整合，如综合利用第一产业的副产品和废弃物，作为第二、三产业的原材料、辅助材料及深加工品等。

1. 模式特点

从种植业的绿色循环开始，利用洁净农业种植技术，种出绿色或有机产品，解决农产品农药残留问题，然后将种植业的废弃物延伸到养殖业的循环、微生物产业的循环、环境产业的循环以及它们加工业的循环，从循环中解决有机肥替代化肥，各个环节废弃物都被循环利用不污染环境，通过技术集成复合各个循环，形成多功能大循环农业。

2. 发展目标

绿色循环生态型农业是以绿色、生态、环保为目标，以资源有效利用为载体，以科技创新为支撑，以市场化运作为手段的一种新型生态农业发展模式。做大做响"品甸生姜"地理标志品牌，积极申报"黄草坝石斛、兴义芭蕉芋、兴义大米、兴义烟叶"等地理标志品牌。

3. 产业融合

以田坝种养业为中心，提供优质的绿色安全农产品，兼有生态建筑物、休闲、娱乐、度假、生态、旅游观光经营为一体的生态农业。模式横跨一二三产业，融合生产、生活和生态功能，紧密连接农业、农产品加工业和服务业。

4. 融合主体

龙头企业、农民专业合作社、专业大户、家庭农场、产业联盟、行业协会。

典型案例一：十里坪循环农业科技示范园：结合兴义喀斯特田坝地的自然特点，采用"猪—沼—菜—猪"的生态循环模式，种植水稻、油菜、蔬菜及养殖生猪等，建设标准化规模养猪场及有机肥加工、无公害蔬菜种植、中草药繁育、生态保育基地，采用"市场+园区+企业+合作社+农户+基地"的组织模式，在基地规模化、经营产业化、加工精深化、产品市场化、生产标准化上下功夫，打造"优菜、优生活"绿色安全建康生鲜消费平台，拓展农产品加工、完善农旅结合的产业链条。

典型案例二：贵州省鸿鑫农业发展有限责任公司作为经营主体的建设的兴义市现代高效农业示范园是省州省5个100的重点农业园区之一，2014年8月成功申报为国家农业综合开发国家级园区。该项目占地面积2 000多亩，结合当地自然气候好、地少人多的实情，进行适度规模化土地流转以实现集中连片开发，按照"猪+沼+菜+猪"的生态循环模式，以现代种养殖技术、园区种养循环及物联网精细化管理等提高产出效益、提升产品产出品质，受到兴义市等当地市场的欢迎。园区规划布局有生产基地的农事消费体验及休闲旅游项目，以期实现种养殖与"农事体验及休闲旅游"一体化的"种、养、加、销、旅"一二三产业的融合发展；正在规划以会员持续消费驱动的"优菜·优生活"OTO营销服务平台，于兴义市场计划建设20家直营店及数百个直投社区网点，立志于为会员提供基于大健康的产品及服务。项目所属的"大旅游""大健康"两个产业，正是黔西南州政府近年及未来大力推动及扶持的产业领域。

典型案例三：丰都脱毒马铃薯高产创建示范园：通过建设5 000亩脱毒种薯繁育示范基地，构建"菜—菜—稻"基地栽培模式，即：早脱毒马铃薯—早瓜、小白菜、小青菜—水稻。展示测土配方施肥、起垄栽培、合理密植覆，病虫综合防治，新品种、免耕覆盖栽培、沼肥运用及机收等关键技术。通过"种—养—加—销"等手段来实现农业系统的内循环。同时配套加工、开展休闲观光活动，实现一二三产业融合。

二、高山生态农牧产业融合模式

生态农牧产业融合模式是指种植业与养殖业进行融合，在生产环节进行要素交流的模式。如种植业产生的作物副产品，产后初加工的余料经加工后制成畜禽养殖业的饲料；畜禽养殖过程中产生的粪便等废弃物，经加工处理后制成种植业所需要的有机肥料等。这种模式能够提高农牧业各生产要素的资源利用率，提高环境友好性。黔西南喀斯特地区水和热的气候条件极有利于人工牧草的生长，发展以牛羊为主的食草性畜牧业。在一些比较适合的区域发展高山茶产业，同时发展茶园养禽。

1. 模式特点

发展农牧结合型的生态农业，以草养畜、以畜养农；高山绿茶、茶园养禽，并进一步发展牛羊肉、茶叶、禽类等农牧产品的加工业，形成品牌优势通过旅游业带动销售或通过电商平台进行销售。

2. 发展目标

现代发展理念、着力改善畜禽饲养装备条件、强化科技支撑、健全产业体系、全面提升一体化经营水平和加快建设高产、优质、高效、生态、安全的喀斯特地区高山生态畜牧业和高山茶产业。结合当地高山多的实际情况，在 1 200~2 200m 海拔的高山区及向下缓坡地区发展种草养畜；在国家新一轮退耕还林还草工程指导下，发展山地高效生态草地畜牧业；引进适宜的高产的牧草品种如皇竹草、狼尾草、王草等，种草养羊、种草养牛或种草养鹅等；推广高山茶产业和畜禽养殖结合的模式，探索茶园养鸡、茶园养鹅等农牧融合的复合模式；积极申报"七舍茶叶、七舍核桃"等农产品地理标志，最终形成喀斯特农牧复合生态系统。在减轻垦殖活动对坡耕地的破坏的同时，使草食畜牧业成为农民新增收入的主要来源，带动精准扶贫。

3. 融合主体

农民专业合作社、龙头企业、专业大户。

典型案例一：盘江草食畜牧业示范园：该示范园区运用现代农业发

展理念、着力改善畜禽饲养装备条件、强化科技支撑，采用"中心+基地带农户""中心+养羊协会+农户""集体转产""林草畜模式"等模式，加大品种改良、羊舍、运动场、防疫、供水、药浴、粪污处理等基础设施建设，建设人工补播草场和饲草饲料基地，推广圈养舍饲技术。

典型案例二：七舍有机茶产业示范园：通过完善茶树良种选育体系，新建良种繁育基地、茶叶种质资源圃、母本园、采穗圃等基地建设等方式，升级 15 000 亩标准化有机茶生产基地。依托茶园开展养鸡等林下经济项目，开展独具地域和民族特色的生态农牧产业。

三、立体农林产业复合型模式

指以林地资源和森林生态环境为依托，发展林下种植业、养殖业、采集业和森林旅游业，包括林下、林中、林上产业。兴义的中高山过度地区喀斯特岩溶石漠化严重，岩石成裸露状态，生态系统脆弱区，喀斯特山区生境严酷、环境承载力低，以农林结合的特色特色产业可以带动石漠化严重地区生态系统的恢复。

1. 模式特点

林业是生态农业建设的主体，发展"林—草—粮—果—林下种植—养殖"。在喀斯特地区低丘山体中上部，种植水保林、用材林；在山体中下部种植核桃、板栗、花椒、金银花、香椿、桃、李等经济林；林下可以种植砂仁、石斛、半夏等中药材和种植食用菌，或进行林下生态养殖等山地生态养殖。

2. 发展目标

对于喀斯特地区低丘落差较大裸露型喀斯特生态环境崩溃的石漠化山区，从坡改梯和农田水利建设入手，产出绿色安全的中药材、水果、家禽等品牌农产品；做大"仓更板栗"地理标志品牌，申报"兴义矮脚鸡"农产品地理标志；结合国家新一轮退耕还林还草工程的政策，在喀斯特山地适宜地区推广种植板栗、热带亚热带水果、饲料桑、饲料构树等种植；推广林下的仿野生种植石斛、林下仿野生种植珍稀食用菌、林下仿野生种植中药材等，以及林下养鸡、养鹅、养猪等复合种养，实行农林结合的内部融合。

3. 产业融合

林—草—粮—果、食用菌、中药材、牲畜、家禽及其加工业。

4. 融合主体

农民专业合作社、龙头企业、专业大户、家庭农场、产业联盟、行业协。

典型案例一：猪场坪核桃种植示范园：建立坡地核桃种植示范基地2 500亩，推广林下花生、魔芋等低杆经济作物套种模式。建立500亩品种实验圃，引进国内外优良品种进行试验、研究、推广。开展核桃油等精深加工项目，保护并复壮百年以上的核桃树种。

典型案例二：贵州精神特色中草药示范园：完善金银花等药材良种繁育体系和培育基地，建立黔西南药用植物园、中药材栽培技术研究中心、种质资源保护和繁育中心、天然产物研发工程中心、珍稀药用植物工程研究中心、中药材基因库和中草药精深加工园。

典型案例三：贵州首草健康发展有限公司是一家致力于铁皮石斛野生石栽种植、加工、营销一体的高新技术企业。2015年公司控股成立兴义首草谷中药材有限公司以原生态野生石栽种植模式为核心，打造顶级品质，为人类高品质健康生活服务为宗旨。公司依托于兴义300多年悠久的石斛文化及独一无二的自然条件，规划到2020年完成5万亩原生态野生石栽铁皮石斛种植（2016年1 000亩，2016年3 000亩，2017年6 000亩），帮助万户农民致富（每户农民家庭增收6万~10万元），并实现保护自然生态、治理石漠化5万亩，保护500万棵树种，5年5万亩种植建设完成计划共投资达30亿元。现公司主要开发产品"冻干超微粉"、石斛红酒、化妆品等高端产品，2016年再投资5 000万扩大建设加工厂，预计5年计划工业产值实现50亿元，8年突破100亿目标。

四、山地旅游与旅游扶贫开发融合模式

兴义市南部，含纳录村、纳灰村等8个自然村寨，距市区4.5公里，地处"国家地质公园""国家AAAA级景区"——万峰林腹地，属亚热带季风湿润气候，水资源丰富，冬无严寒，夏无酷暑，雨量充沛，光照充足；地貌类型以峰林、峰丛为主，平均海拔高度为1 359m，山峦起伏、奇峰如林，卡斯特地貌发育十分良好；纳灰河从峰林中缓缓渡过，这里

田土肥沃，树木四季常青，鲜花四季盛开。万峰林环境优美、村容整洁，民族风情浓郁，村民朴实勤劳、宛如"世外桃园"。贵州省兴义市万峰林走出了一条适宜喀斯特山区"依托自然风光、注重生态保护、利用生态资源和民族文化风情、发展休闲农业与乡村旅游，建设社会主义新农村"的发展道路，形成了一套完整的喀斯特山区山地旅游与旅游扶贫开发融合模式"峰林模式"。

这种模式是在充分依托当地交通区位优势、产业基础优势和旅游资源优势的基础上，按照"农旅一体化"的战略布局，以特色优势农业为主体，进行产业链条延伸，充分挖掘"农业+乡村旅游"的休闲观光功能，借助品牌营销和乡村生态旅游的发展机遇，赋予传统特色农业新功能，实现农业与旅游业的深度对接融合。

1. 模式特点

立足兴义独有的特色旅游资源优势，把旅游作为主导产业培育，以绿色食品、民族工艺品加工等为重点的特色生态工业发展体系为支撑，在万峰林、万峰湖、马岭河峡谷、南龙布依古寨等景区的贫困村进行资产入股；不在景区的贫困村，可以给景区商店提供特色产品，让贫困群众依托景区脱贫致富。龙头企业、农民专业合作社、专业大户等新型农业经营主体组织带动贫困农户发展针对山地旅游的产品。

2. 发展目标

坚持以城镇化带动，让企业和农民作为主体参与景区建设、管理和经营，进一步优化山地旅游环境；充分利用"互联网+"，实施"智慧旅游"计划，确保无线网络全覆盖；大力发展农村电子商务，积极探索"大数据+现代山地特色高效农业+山地旅游业"融合发展的农村电子商务发展路子，通过电商把传统村落、旅游景点、农特产品、旅游商品在线上宣传销售；探索"政府+公司+协会+农户"等山地旅游开发新模式，按照"全域旅游"的思路，由点连线，连线成面，最终覆盖兴义全市。以"旅游+"为引领，推动农村一二三产业的融合发展，构建复合型、集约化的多业态农业产业新体系，促进农业经济发展模式转型。借助国际山地旅游大会会址永久落户黔西南，并定位创建兴义市为国际山地旅游城市，开启兴义发展全域山地旅游，把兴义打造成贵州全域山地旅游的标杆，促进山地旅游与扶贫开发有机融合。

3. 产业融合

以"富裕农民、提升农业"和"四在农家、美丽乡村"为目标,推进农旅相融,发展集休闲、观光、教育、生态、健康、旅游为一体的新型农业产业形态和消费业态。

4. 融合主体

农民专业合作社、龙头企业、专业大户、家庭农场、产业联盟、行业协会。

典型案例一:西峰林田园锦绣农业示范园:建设纳灰河村寨田园、双生精品花卉、下纳灰布依族文化三大游赏区和万峰林泉汇休闲农业观光园。

典型案例二:科技扶贫产业园:占地面积50亩,容纳400个集装箱养殖系统,依托华大锐护龙头企业带动,以受控式循环水高效集装箱养殖为核心,建设苗种孵化、成品养殖、现代物流、生态有机蔬菜种植、后期加工、科技教育、休闲参观等为一体的现代农业产业链综合示范区,以全省无劳动能力贫困户脱贫为目标,创造可复制的精准扶贫模式。

第四节 兴义市发展一二三产业融合模式的机制创新

一、培育多元化新型融合主体

依法推进农村土地流转和适度规模开发,推广土地委托流转、股份合作流转等方式,建立土地信托、土地托管等服务模式,根据产业融合的需要,对流转土地集中管理和运营。扶持农业产业化龙头企业,围绕有机茶叶、芭蕉芋淀粉、反季节果蔬、有机畜禽等优势特色产业,通过品牌嫁接、资本运作、产业延伸等方式,着力培育一批产业关联度大、带动能力强的大企业。壮大农民合作社,重点扶持早春蔬菜、顺琼养殖、则戎金银花等特色产业合作社。培育职业农民,引导科技创业者兴办家庭农场,鼓励专业大户向家庭农场转型升级。积极发展行业协会和产业联盟,利用行业协会开展标准制订、商业模式推介等工作,鼓励龙头企业、农民合作社、涉农院校和科研院所成立产业联盟，通过共同研发、科技成果产业化、融资拆借、共有品牌、统一营销等方式，实现信息互通、优势互补。

二、健全产业链利益联结机制

强化龙头企业联农带农激励机制，以及国家相关扶持政策与利益联结机制相挂钩。围绕股份合作、订单合同、服务协作、流转聘用等利益联结模式，引导龙头企业与合作社、农户密切合作。推广顺琼养殖"企业+合作社"发展模式，鼓励龙头企业创办或领办专业合作组织，支持合作社兴办龙头企业，或合作社、农户利用土地承包经营权、产品、技术、资金等要素入股龙头企业。支持龙头企业向订单农户统一提供良种、技术和社会化服务，倡导龙头企业发展利益兜底、利润返还、收益分成、一体化经营等模式，实行农产品原料收购价格与制成品销售价格挂钩联动、价款二次结算等办法，承担更多自然和市场风险，与生产者建立利益共享、风险同担的机制。

三、创新产业融合投融资机制

按照企业主导、政府支持、社会参与、市场运作的原则，进一步完善农村产业融合投融资机制，加强银政、银企合作，创新财政引导金融资本投入机制。探索运用奖励、补助、税收优惠等政策，鼓励金融机构与新型农业经营主体建立紧密合作关系，推广产业链金融模式，加大对农村产业融合发展的信贷支持，加强农业保险的覆盖面和保险额度。挖掘农村资源资产资金的潜力，探索通过"资源变股权、资金变股金、农民变股东"，把闲置和低效利用的农村资源、资金优化用于农村产业融合发展。

四、探索产业融合商业运营模式

努力构建农业与二三产业交叉融合的现代农业产业体系，将商业运营的理念引入农业，探索多种方式商业化运营农村加工业和服务业，鼓励向社会资本全面开放。引进股田制、农技110等，实施"生态资源股份制，融合主体合同制，旅游扶贫责任制，安居乐业全民制"探索兴义模式，核心是在增加农民经营性收入的同时，也要增加农民的财产性收入，并以产业新体系带动全县域"四个全面发展"和"五个文明"的建设。

通过上述农村一二三产业融合模式的剖析可以发现，兴义市农村一二农村一二三产业融合的顺利实现在于其背后蕴含着一套高效的运行机制，它主要由宏观、中观和微观三个层面的一系列机制构成。

在宏观层面主要形成了政府扶持机制和市场主导机制。兴义作为我国精准扶贫战略区之一，其经济发展条件先天性不足，交通、医疗、卫生、教育等一系列基础配套设施主要得益于政府大力扶持。与此同时，兴义已经明确认识到，单纯的政府外力扶持是无法形成持续内生发展动力的，应以农村各类特色产业为发展基点，及时把握市场发展的趋势和农村产业发展契机，有效利用好政府和市场两种资源，不断把新科技、新思维、新观念注入到一二三产业融合发展中。

中观层面主要是产业利益共享机制。产业融合使得经营主体多元化，更多新型经营主体参与到农村产业发展中来，使提供的农业产品和服务更加丰富，质量更有保障，市场竞争力也更加显著。正是各个经营主体之间这种"共生共荣"的稳态均衡确保了各自都能有效获得其应有的产业利益。兴义一二三产业融合发展过程中已经形成了多种完善的利益连接共享模式，正是这些诸如订单农业、股份合作制、农商（超）对接、"互联网+新型经营主体"、"企业+合作社+基地+农户"等成熟的模式确保了各个生产经营主体能有效实现各自的利益。

微观层面主要形成了动力机制。兴义三产融合的微观动力机制其实质就是新型农业经营主体的作用机制。随着农业生产现代化、农业服务社会化、农业经营管理信息化浪潮的推进，当地已经形成了一批以市场化为导向、以规模化为基础、以专业化为特征的新型农业经营主体集群。它们充分发挥技术、资金、管理、人才、信息等方面的优势，高效配置各类生产要素，在产前、产中和产后等各个环节均发挥着重要的作用，通过多种方式推动着农村一二三产业的融合发展。

第五节　兴义市发展一二三产业融合模式的制度保障

一、加强组织领导工作

加强市委、市政府对农村产业融合示范工程的组织领导，成立由市委市政府主要领导挂帅、市直有关部门及各乡镇、街道领导组成的兴义市农村产业融合管理委员会，切实发挥组织领导和协调管理作用。有关部门要按照职责分工，密切合作，加强指导和协调，加大支持力度，共同推进兴义市农村一二三产业融合。

二、加大政策支持和资金投入

认真贯彻落实国办发〔2015〕93号文件和贵州省支持农村一二三产业融合的相关政策，大力引进企业和项目发展农村产业融合。在政策允许范围内实施差异化的土地优惠、科技创新和人才保障政策。加大政府引导资金投入力度，建立农村产业融合专项发展资金，加强农业产业和企业与银行的合作，建立新型的银企合作关系，并积极引导外商投资农村产业融合发展。

三、矢志打赢脱贫攻坚战

强化精准扶贫机制，加大中央和国家机关、国有企业、军队系统等单位的定点扶贫，实行集团式帮扶，制定帮扶规划，明确帮扶任务，落实帮扶资金和措施。党政机关和企事业单位的定点扶贫要帮扶到乡，工作到村。同时，鼓励各类企业和社会组织积极支持区域发展，共同实现兴义市2017年全面脱贫的社会目标。

四、完善最严格的生态补偿机制

继续实施退耕还林、水土保持、天然林保护、防护林体系建设和石漠化治理等重点生态修复工程。对贫困村具有水土保持和碳汇生态效益的生态林进行生态补偿。鼓励珠江下游地区省市积极支持上游建立健全流域性生态补偿机制。探索通过市场机制引导企业进行生态补偿的具体途径。

五、做好项目统筹和考核

承担产业融合示范工程建设任务的有关部门和各镇要切实加强组织管理，切实落实责任。根据确定的任务，建立目标责任制，明确责任主体和相关政策措施。根据轻重缓急对项目进行分类、排队，建立和完善项目咨询评估、审议决策制度，加强项目实施管理，保障项目顺利实施。加强工程实施情况的跟踪评估，确保规范建设，充分发挥引领作用。

第六节 兴义市农村一二三产业融合取得的效果

一、一二三产业融合实现农村产业各环节的利益的有效联接

兴义市采取了全新的"生态资源股份制，融合主体合同制，旅游扶贫责任制，安居乐业全民制"模式，新型农业产业经营主体采取生产、加工、销售、服务一体化发展的方式，在新型农村经营主体、工商资本、龙头企业、国家助农机构、行业协会和科研院所创新创业团队在产、加、销、服务个环节的利益联结上，能够达到协调一致。良好的生态环境促进农村一二产业与山地休闲、观光、旅游、健康产业等第三产业深度融合。

一是示范带动效应。通过引导二三产业向县城、重点乡镇及产业园区等集中，推广高产优质高效技术和培训，可有效提高广大农民群众对现代农业的认知水平和接受能力，提高农业劳动力的整体素质。

二是产业集聚效应。项目实施将大力发展畜牧、蔬菜、粮油、中草药、茶叶、水产等特色产业，延伸产业链，增加产业附加值，带动本地仓储、包装、运输、加工等行业的发展，促进当地农村劳动力转移就业，

增加农民收入。

三是农业功能拓展效应。通过拓展农业多种功能，带动当地基础设施建设，改善公共服务体系，丰富地方旅游资源，带动第三产业发展，提供更多就业机会，推动新农村建设，逐步缩小城乡差距。

二、一二三产业融合产生明显的产业带动作用

兴义市建设培育多元化农村产业融合主体，是以区域优势产业为先导，以发挥资源优势、开发龙头产品为手段，形成农村产业内四大融合模式，通过农业新型产业经营主体的带动作用，农业供给侧改革为契机，在农业中实行产业集中化、生产专业化、经营一体化，以形成规模经济，带动周边地区农业结构调整和产业化经营。

兴义市通过引进优良品种和先进栽培技术对当地传统农业产业结构进行改造，培育形成配合黔西南全域山地旅游，具有兴义市农业特色和市场竞争力的绿色产业群，对推动兴义市及整个西南喀斯特岩溶地区特色产业的发展和农村、农业经济结构的调整具有重要作用。

三、一二三产业融合模式具有较强的辐射带动作用

兴义市一二三产业融合模式的辐射带动作用主要体现在其产业带动和技术示范推广上。通过农业新型经营主体的带动作用，在推动兴义市全域绿色农业、有机农业迅速发展的同时，有效提高了农民收入和精准扶贫的效果；通过项目的示范和辐射作用，将绿色栽培技术、生态养殖技术、健康水产技术、绿色食品加工技术等农业高新技术应用到农业的产前、产中和产后，带动了兴义市农业科技整体水平的提高。

新品种和先进栽培技术是农业发展的重要动力，项目瞄准未来农业生产将向无害化、绿色化、有机化方向发展的趋势，以国家、省、地市级大学科研单位为技术依托，一方面，大力引进新品种和现代高新技术（如将生物技术、信息技术、工程技术、农业工厂化生产技术等），将标准化种植、养殖、加工技术试验示范后向周边地区辐射推广；另一方面，项目建成后将制定一系列适合兴义市绿色农作物生产、生态养殖等有指导作用和易于推广的"绿色标准化种养技术规程"，通过技术培训向周边地区普及推广，推动兴义市乃至整个黔西南山地绿色农业的发展。

四、一二三产业融合模式提高了产业融合度和市场化、组织化程度

兴义市以市场化为主导，通过"民办、民管、民受益"的原则，实现了农村新型经营主体的自我管理、自我运作，将千家万户的农民组织起来，统一标准、统一生产、统一管理，推广先进的绿色、有机标准化生产技术，形成完善的市场化产、加、销网络，提高了农民的组织化、市场化程度，促进了兴义市农村产业内的融合与发展。同时，农村新型经营主体一体化经营的方式将有效解决农业发展的组织问题，大大提高项目区农业组织化程度。

五、带动劳动力的就业实现增收

兴义市有大量的剩余劳动力，打工经济是当地的主要收入来源。本项目建成后，可形成58个农村产业融合项目，直接带动近10万农户从事标准化、规模化生产，增加就业人数5万人，农业产业化经营间接拉动当地包装、运输、服务等相关行业的发展，创造了数万的就业机会。项目的建设同时还带来大量的衍生项目，引导和培训农民加入"大众创新、万众创业"的大潮中来，通过农民创业来解决农村剩余劳动力的就业问题，实现脱贫致富。

六、带动农产品加工业的发展实现产业增值

在从传统农业向现代农业转变的关键时期，用现代工业和现代科学技术装备农业，用现代科学技术管理农业，突破了农业仅提供初级原料的局限性，按农工贸、产供销一体化的要求，加强产后的贮运、加工、销售、通信、金融等各种服务，打破目前以初级农产品生产为主的单一格局。为此，本项目的建设将形成大量的优质安全农产品，带动包装、储藏、深加工的发展，有效提高农产品附加值和资源综合利用率，也必将有力地带动农品加工业的发展。第二产业的发展将形成大量的就业岗位，当地农民可以实现在家门口上班的愿望。

七、带动贫困地区农业的发展实现精准扶贫和脱贫

兴义市是黔西南州的政府所在地,有明显的地理和区位优势,项目的建设方案和技术设计符合黔西南喀斯特山地农业发展的实际和现代农业发展趋势,随着本项目的拓展和融合,将对兴义市进行全域覆盖,辐射区域将进一步扩大到黔西南州的其他县(市)和乡镇。通过"新型经营主体+基地+农户"的产业化经营模式,实施农业产业的产、加、销一体化经营,培育形成具有西南地区喀斯特山地特色的立体生态农业内部循环型的产业新体系,项目实施通过"点穴式"精准布局到贫困区和贫困户,有效带动当地农民增收和脱贫。

第四章 国外农村一二三产业融合发展的实践

20世纪80年代末90年代初,国外学者开始对这一领域的产业融合问题进行研究,其研究主要集中在通信产业,其中有很小一部分产业融合涉及农业或者与农业相关。产业融合理论主要在日本、韩国、美国、荷兰等国的农业发展中得到较多应用。日本的今村奈良臣教授1996年提出了"六次产业"的概念。韩国借鉴日本农业发展的经验,高度重视一二三产业在农村的整合。20世纪60年代以来美国生物农业、数字农业、生态农业、旅游农业等新型产业形态迅速兴起,这为美国农业的发展提供了巨大动力。

第一节 日本农村产业融合发展

从20世纪末开始,日本农村人口大规模向城市聚集,农村中呈现出人口"老龄化"和农业"过疏化"现象,日本农业进入低速发展时期。在此背景下,今村奈良臣教授1996年提出了"六次产业"的概念,其基本涵义是"农业生产向第二、第三产业延伸,通过一二三产业的有机整合,构建集生产、加工、销售、服务为一体化的完整价值产业链"。日本政府借鉴"六次产业"的发展思想,为支持农村地区的农业、工业、商业合作发展,在2008年推出了《农工商促进法》。两年后,日本内阁又通过了经过修订的《食品、农业和农村基本计划》,该计划通过充分利用"六次产业"的全产业链优势使农民收入增加,创造能最大限度地使农业产业附加值内化的农业商业模式。

2013年,日本政府进一步提出大力发展"六次产业"的指导方针,旨在推动农产品生产向加工、流通、销售领域快速融合，使本国的农业在国际竞争中占据主动优势。据调查资料，超过七成的"六次产业"经营主体执行该政策后收入显著增加。总的来说，日本"六次产业"的发展，对提高农业生产者的收入是十分有效的。具体而言，日本推动"六次产业"执行的过程中，主要有以下几项措施。

1. 强化政府引导

第一，日本政府出台《农工商合作促进法》（2008），并将六次产业化纳入《粮食、农业、农村基本计划》（2010）、《日本振兴战略》（2013）等。《粮食、农业、农村基本计划》（2010）明确提出，"通过发展农业和农村的'第六产业'来增强农村经济活力，改善农村生产、生活条件，以维持村落功能和保护生态系统及包括景观在内的农村环境"。日本农林水产省相继出台《农业六次产业化》（2009）、《农山渔村六次产业化政策实施纲要》（2010）、《农山渔村六次产业化政策工作相关补助金交付纲要》（2010）等，全面规划"六次产业化"相关事项。第二，日本政府自上而下成立"六次产业化"战略推进组织机构，如2011年水产厅成立"水产业六次产业化推进团队"，都道府县相继组建"六次产业化"地产地消推进委员会"。第三，农民或企业围绕"六次产业化"制订经营改善计划，经农林水产和经济产业大臣认定，可提高无息农业改良贷款年限和额度，获得新产品开发和新市场开拓支出补助、相关加工和销售所需设施购置支出补助等。农林水产省制定"农林水产技术基本研究计划"，加大对革新性技术研发与产业化以及知识产权保护的支持。

2. 推进农工商协同合作，以工带农、以商促农，运用工商业带动产业融合发展

政府采取优惠政策扶持中小企业与农业生产者合作，以促进农业生产者能够自我成长为农工商企业主体。为了确保从事林业和渔业农民的利益，工商合作的资本占比不允许超过49%。一是培养"协调者"。"协调者"是指既具有农业技术、又具有商品开发和销售能力的复合型人才。日本政府注重对"协调者"的培养及其活动的支持，建立从中央到地方的"协调者"组织，以此推动农村一二三产业融合发展。二是召开交流会。在中央层面开展全国产业集群协议会、先进事例研讨会、品牌培育研修会等，在地方层面开展农林水产商品展示会等，促进经验交流和销

路对接。三是提供信息支持。在中央层面推广农工商协作的典型事例、支援措施、研修会和产地信息等，在地方层面提供以食品产业为核心的产地信息。四是提供技术指导。包括制定全国食品产业开发战略，开展区域性农业技术开发合作，召开农工商协作技术交流会，对实施地域食品品牌化战略提供技术指导等。

3. 整合经营计划，支持农业生产者延伸农业产业链和价值链

这主要是为了支持农业、林业和渔业生产，以农产品生产为基础，扩大产业规模和经营范围，充分挖掘当地农业资源的价值，开发具有本地特色的产品，培育品牌，增加附加值。

4. 实行直销所流通模式

为有效推进"地产地消"，日本实行以直销所为核心的流通模式（李凤荣，2014）。直销所最初主要设在城市近郊区，重点面向城市消费者，后来逐步拓展到农村和山区。如 2009 年日本共有近 17 000 所直销所，其销售额占全国农产品流通总额的 10.9%，成为日本农产品流通体系的重要组成部分。直销所经营主体主要包括生产者及生产者联盟、农协、地方公共团体、第三方部门、民间企业等，运营主体多元化但都实行会员制并采取委托销售方式，经营事务由直销所负责，农户负责生产包装及农产品搬入取回，同时参加直销所举办的各种促销及生产者与消费者交流活动。农如 2009 年日本直销所全年销售额中本地化农产品销售额占 73.2%，65.8%的直销所只销售当地农产品。直销所还与地域内的学校、幼儿园、保育园、医院、福利院等集中消费机构开展地域连携合作，供应当地农产品。

5. 加大政策补助和金融支持力度

一是对新产品开发和市场拓展的支出补助从 1/2 增加到 2/3，二是对新的农产品加工、销售所需的设备购买建设支出给予 50%的补助。日本内阁会议同意由政府和企业共同出资成立农林渔业成长产业化基金，通过政策补助金、"劣后"贷款（即没有优先还债义务的贷款方式）、股权投资等形式支持农民投资"六次产业化"，最高可将经营资本分别扩大到自有资本的 2 倍、5 倍和 20 倍。

第二节　韩国农村产业融合实践

韩国在加入 WTO 和自由贸易协定的双重压力下，国内的农产品市场逐渐向世界开放，大量的农产品通过国外进口。由于世界其他国家竞争压力的存在，国内农产品价格下降，从而使大量从事农业生产的工人失业，农民收入也随之减少，传统农业产业规模逐渐缩小。在这一背景下，韩国提出了农业"六次产业化"的发展思想，就是以当地农村或农民作为改革的主体，通过产业化的升级创造新的工作岗位，提升农业产业附加值的方式来带动地区农业发展，激发农村活力，使农业突破以单纯的农产品生产为主的局限，充分整合当地的人力、自然资源、文化资源，从本质上改变农业发展的模式。在韩国以地区农村和农民为主体设计"六次产业"，有以下几个特点：①更大限度地将农业和农村中所产生的附加值流向农村内部。以农村地区和农民利益为"六次产业"化的设计主体，将过去流到城市和其他外部的农业产业附加值向农村地区流入，带动农村产业良性发展。②提供强大政策支持，开拓新产品或新市场。国家创设资金总额达 100 亿韩元的"第六产业相生资金"，国家和民间出资比例为 7∶3。③强化技术研究和产学研结合，为产业融合提供支撑。韩国政府高度重视产业融合技术研究，经过对农业产业化的详细调查和分析，通过对农业事业的支持，开展相关技术研究和开发，例如：开发生产更加节约能源的技术，开发效率高、环境友好的前沿生产技术，创新的、挑战性的、处于瓶颈期的技术，开发国际化战略品种和有望能成为新兴增长点的技术。

第三节　美国农业产业融合实践

美国的"高度社会化"的现代农业，体现了一二三产业高度融合。美国是农业强国，人均土地资源丰富，农业劳动生产率全世界第一，是世界上最大的农业发达国家。美国粮食产量占世界粮食产量的 20%，出口粮食数量占全世界粮食市场一半的份额。由于地多人少，农业劳动力短缺，美国很早就开始进入到农业机械化。美国现代农业完全建立在现代科学技术基础上，以现代工商业和新技术为依托，形成了一种高科技含量、高资本投入、低劳动投入、高消耗、高产出、高商品率和高度社会化的农业。美国的现代农业已经完全商品化，农业与其他产业之间完整处于商品市场环境。从农业生产的产前农资投入到产后加工销售的各个环节中的投入要素之间已经形成了投入市场要素共同发展的格局。作为第一产业的农业与第二、第三产业以及消费者之间，密不可分，形成了多层次的市场交换关系，达到充分融合发展。

美国的休闲农业是高度农旅结合的产业，文化遗产类、乡村生态类、体验教育类等休闲农业已经呈现出集群化、规模化和区域化的发展趋势。政府加大法律支持，通过完善的免责条款、归口管理、注册登记、税收优惠、规范土地管理等内容，降低农户的法律、市场等风险，提升其开展休闲农业的积极性。美国休闲农业注重体验互动，经营范围已经涉及采摘果实、酿酒、垂钓、狩猎等大量体验活动，极大提升了消费者的消费意愿。美国众多的农业节庆对于树立农产品品牌，提升当地休闲农业的知名度提供了有利条件，例如南瓜艺术节的推广，使每年的万圣节都会有大量游客到半月湾参加南瓜雕刻、点亮南瓜灯等活动，半月湾也因此享有了"世界南瓜之都"的美誉。美国大部分休闲农业企业都有自己的网站，通过网站扩大自身休闲农业品牌影响力的同时吸引游客，带动休闲农业的发展。

第四节　法国的农业产业融合实践

法国的产业融合体现在以合作社为主体的纵向一体化，农业合作社已经成为法国农业社会服务主体，是农业产业化的重要载体。法国是欧洲农业强国和世界主要农产品出口国，已经实现了农业现代化。发达的农业合作社是法国农业迅速成功的重要推动，法国的农业合作社体系目前已经非常完善，已经融入到农业以及相关产业的各个生产环节中。合作社在不光在农业生产、加工方面发挥巨大作用，在农业科技推广、农村社会化服务等方面也发挥着决定性作用农业合作社拥有完善的农业社会化服务，为社员提供全方位服务。农业合作社连接了农产品生产与销售，农民通过合作社以团体的力量拥有话语权，维护自身经济利益。合作社的一体化经营不但延长了农业产业价值链同时提高了农业产业附加值。农户在自愿签订入社合约后，只需要负责生产农产品，至于销售等其他环节会由合作社负责处理，这样农户就可以专心搞生产，不需要担心产品销售或者其他问题。合作社虽然对外是进行企业化经营，但是对社员是公益性服务的，不以盈利为目的。合作社通过扩大经营规模，来争取更多的市场话语权，保证产品价格，提高社员的收入。农业合作社通过完整的虚拟农产品物流供应链为农户制定合理的生产决策，避免产品过剩或者短缺，并通过完整的信息链传递给上游企业，实现生产和市场的连接，提高整体效益。

法国农村的旅游业非常具有本土性和特色性。在法国农庄的饭店，必须有以当地生产的农产品为主要原料并使用本地烹饪方法的餐品。农庄外观须遵照当地风俗，餐具应使用粗陶、瓷器等代表性材质。在财政政策上，法国政府为乡村旅游的经营者设立了相关的税收优惠政策以及财政补贴。

第五节　荷兰农村产业融合实践

荷兰农业是依靠集约化、专业化和机械化，结合现代科技和管理理念，进行深度的一二三产业融合发展。荷兰是当今世界上最发达的农业现代化国家之一，农业劳动生产率稍逊美国，农业土地生产率全世界第一。荷兰地少人多，国土面积小的国家，荷兰在发展农业方面充分发挥了农业比较优势，通过产业结构调整，大力发展能够集约使用土地的畜牧业、园艺等洲国家市场需求大的农业产业，进行专业化生产。在集约发展的同时不断提高集约化程度和生产效率。通过将高新技术植入到农业产业中，形成高效完整的产业链，并在此基础上打造了产业集群。荷兰的农业不是单纯搞农业生产，而是深入挖掘农业的多功能性，通过创意设计发展创意性农业产业。文化创意、旅游观光与农业产业结合起来，造就了荷兰现代化农业的新业态,从而提高农业的附加值。荷兰的农产品加工业处于世界领先地位,农产品和蔬菜加工成高质量、高附加值的最终产品。高附加值产品的生产给农户带来了更高的农业收入。

第六节 对中国农村一二三产业融合发展的启示

一、加大对产业融合发展的政策支持

制定相应的法律法规,对发展农村一二三产业融合提供法律法规、财政、税收等方面的支持。鼓励农民发展具有当地特色的产业,促进多种形式的农村产业融合发展。建立农村产业融合发展基金,对农村中小企业、农民专业合作组织、农业生产者发展农产品加工、销售、服务等的长期、低息贷款支持,鼓励农业生产者、返乡创业者立足于本地农业资源优势,综合开发进行多样化创业。

二、政府严格监管,保障农业产业化经营中农业生产者的权益最大化

通过借鉴日本农业企业投资和农业、工业、商业合作促进发展的经验,对向农业投资的工商业进行严格审核,限制股份所占比例,保证农民在合作中的主动权。通过转让土地经营权,使工商业主体参与到农业生产领域的动力充分激发,坚持土地集体所有制,保证农民能够得到产业融合的增值收益。

三、严格论证深入挖掘可开发的地域资源

要因地制宜地发掘农村地区与城市地区丰富的自然资源或传统资源,然后将其开发为商品。为了避免地区和地区之间竞争,产品应该具有本质性的差异。在开发地域资源时,充分结合本地区农民与专家、消费者的不同观点意见。对于开发出来的资源,组织开展产业化的可行性评价,将评价结果按优劣次序排列后按顺序开发利用,保证农村一二三产业融

合的可持续性。

四、强化农村一二三产业融合的技术创新及技术服务支撑

技术是产业融合发展的关键。一二三产业融合发展涉及面广，环节多，技术复杂、种类多，而且需要相互衔接。在技术研究和服务上，要从单纯的产中技术服务延伸到产前、产中、产后全程系列服务上来，从仅仅服务于农业生产经营延伸到服务于整个农业发展过程中，包括生产技术、加工技术、储藏、运输、信息技术、营销技术等。按照农村一二三产业融合要求，筛选和确定技术研发战略和重点，按计划分步研发并推广应用，使技术真正能够解决农村一二三产业融合发展中的实际问题，支撑并引领农村一二三产业融合发展。

五、建立农村完善的基础设施和配套服务体系

以上发达国家的农村都是基础设施较为完备，农村道路建设完善，水电供应覆盖率较高。比如美国农村信息平台的建立以及互联网的普及，使农民与外界有了高效的信息交互通道。其作为信息化程度最高的国家之一，最早开展农产品电子商务活动。发达国家的农业现代化已经完成，还是注重保障农业从事者利益，并降低其风险，特别是建设农业生产的社会化服务体系，如法国的农村合作社模式，以此为农业与其他产业的融合发展创造良好的市场条件。

第五章 西南山区农村一二三产业融合发展的政策建议

农村一二三产业融合发展给兴义的发展和脱贫致富带来了新的契机。以兴义一二三产业融合发展经验为借鉴，西南山区应牢牢抓住全面精准脱贫和全面建成小康的战略机遇，依托独特的资源禀赋优势，大力发展特色农业，既要立足农业发展农业，更要跳出农业发展农业，积极运用工业的技术创新成果改造传统农业，用第三产业的现代经营理念整合推介农业，着力推进农村一二三产业融合发展。

一、提升全社会对农村产业融合的认知水平

目前，社会认识水平还很缺乏，不清楚农业产业化和农村产业融合的联系和区别。许多部门和产业化组织在推进农村产业融合过程中，将产业融合主体简单地认为是新型农业经营主体和新型农业服务主体，把工商资本排除在外。有的只注重招商引资，不重视培养外来资本和本土企业的优势互补性，无法有效带动农民收入；还有的认识不足，简单将农村产业融合作为一项工作任务，不重视农村产业融合特色和服务体验的营造、品牌和竞争力的培育。

二、夯实产业发展基础，实现产业利益共享

西南山区应注重夯实农村特色产业发展基础，通过构建完备的利益联结分享机制来搭建农村农村一二三产业融合的良好渠道。要全面筑牢交通、物流、电力、科技、文教、金融、社会化服务、社保、医疗等农村基础设施和配套条件建设；强化各类产业发展总体规划的导向作用，切实抓好大园区、大项目和大基地建设，严格遵循"科技、绿色、生态、有机、无污染"的可持续发展原则做大做长产业链；要因地制宜的立足

于当地特色优势产业，以特色产业为融合点。

三、加大政策全面扶持，固化农村产业融合成效

一方面，进一步提高政府公共服务水平和主动服务意识，着力加大政策和资金扶持力度，设立专项资金对农村三产融合的新业态、新产业给予相应的奖补，积极推行农村绿色信贷和差异性信贷，适度扩宽抵押物的范围，减轻新型农业经营主体融资负担。另一方面，大力扶持西南山区龙头企业，发挥其辐射和领头作用，大胆突破政策壁垒和地域限制，积极推动其与合作社、基地和农户进行更深、更广的合作。

四、深化机制体制创新，强化农村产业融合动力

创新作为引领发展的第一动力，对农村产业结构优化升级更具重大意义。要积极运用全面深化改革所取得的系列成果有效推动农村农村一二三产业的融合发展。企业应根据西南山区优势要素和优质资源创新独特的农村产业融合发展模式，差异化地选择农村生态型、服务性等多类融合方式，并且要深度挖掘农产品或产业潜在功能，由单一的生产、加工、制造向娱乐、休闲、养生、旅游、文化创意、体验等新功能转变，促进一品或一产多能的复合型发展，带动产业链和价值链结构的不断升级。

五、完善产业融合平台建设，筑牢农村三产融合基础

要专门设置农村三产融合组织机构，并与各行业协会、产业联盟和发展带头人达成长期战略合作伙伴关系，共同打造规模化、品质化和品牌化的农村特色产业，推进当地产业融合协调发展；注重加强西南山区园区、专家大院和科研所等科技创新机构对农村经济发展的辐射和带动作用，完善科普交流宣传平台，积极推动企业、科技特派员深入基层，提高产业技术普及率，寻找农村产业融合增长点；注重新型职业农民、农业经理人培训，尤其是加大基层致富带头人、科技特派员的培养，以填补区域人才空缺，实现西南山区农村经济产业化、市场化、现代化发展。

六、加大资源配置力度以利生产要素流向农村

要让市场发挥资源配置的决定性作用,引导人才、资金、信息、技术等各种要素流向农村。国家应通过加大财税支持力度、开展示范试点、落实地方责任、强化部门协作来保障农村产业融合的实施。当前,融资难、人才难觅、项目落地难的问题依然严重。要继续加大人才培养力度,想方设法吸引人才、留住人才。充分发挥财政资金的"杠杆效应",调动社会力量参与政府推动的项目。加快认定体系的建设和项目落地,提高政策瞄准精度和政策实施效率。

参考文献

[1] 韩晓莹. 演进式视角下农村产业融合发展的中国式探索 [J]. 商业经济研究, 2017 (5): 189-192.

[2] 姜长云. 推进农村一二三产业融合发展 新题应有新解法 [J]. 中国发展观察, 2015 (2): 18-22.

[3] 黄祖辉. 在促进一二三产业融合发展中增加农民收益 [N]. 农民日报, 2015-08-14 (001).

[4] 姜长云. 推进农村一二三产业融合发展的路径和着力点 [J]. 中州学刊, 2016 (5): 43-49.

[5] 赵霞, 韩一军, 姜楠. 农村三产融合: 内涵界定、现实意义及驱动因素分析 [J]. 农业经济问题, 2017, 38 (4): 49-57+111.

[6] 苏毅清, 游玉婷, 王志刚. 农村一二三产业融合发展: 理论探讨、现状分析与对策建议 [J]. 中国软科学, 2016 (8): 17-28.

[7] 李治, 王东阳. 交易成本视角下农村一二三产业融合发展问题研究 [J]. 中州学刊, 2017 (9): 54-59.

[8] 王兴国. 推进农村一二三产业融合发展的思路与政策研究 [J]. 东岳论丛, 2016 (2): 30-37.

[9] 刘明国. 务实求解农村一二三产业融合发展 [N]. 农民日报, 2015-11-28 (003).

[10] 徐绍史. 推进农村一二三产业融合发展 [N]. 经济日报, 2016-01-23 (006).

[11] 刘海洋. 农村一二三产业融合发展的案例研究 [J]. 经济纵横, 2016 (10): 88-91.

[12] 宋洪远．关于农业供给侧结构性改革若干问题的思考和建议［J］．中国农村经济，2016（10）：18-21．

[13] 赵海．论农村一二三产业融合发展［J］．农村经营管理，2015（7）：26-29．

[14] 姜长云，杜志雄．关于推进农业供给侧结构性改革的思考［J］．南京农业大学学报（社会科学版），2017（1）：1-10+144．

[15] 韩长赋．在2017全国休闲农业和乡村旅游大会上的讲话［N］．农民日报，2017-04-13（001）．

[16] 郑明高．产业融合：产业经济发展的新趋势［M］．北京：中国经济出版社，2011：6．

[17] 李玉磊，李华，肖红波．国外农村一二三产业融合发展研究［J］．世界农业，2016（6）：20-24．

[18] 何立胜，李世新．产业融合与农业发展［J］．晋阳学刊，2005（1）：37-40．

[19] 李俊岭．我国多功能农业发展研究——基于产业融合的研究［J］．农业经济问题，2009（3）：4-7+110．

[20] 杨振之．城乡统筹下农业产业与乡村旅游的融合发展［J］．旅游学刊，2011（10）：10-11．

[21] 梁伟军．产业融合视角下的中国农业与相关产业融合发展研究［J］．科学经济社会，2011（4）：12-17+24．

[22] 马健．产业融合理论研究评述［J］．经济学动态，2002（5）：78-81．

[23] 宗锦耀．以农产品加工业为引领推进农村一二三产业融合发展［J］．农村工作通讯，2015（13）：19-22．

[24] 夏英．农村产业融合发展的路径和对策分析［P］．http：//www.caas.net.cn/ysxw/zjgd/280576.shtml，2017-03-29．

[25] 马晓河．推进农村一二三产业融合发展的几点思考［J］．农村经营管理，2016（3）：28-29．

[26] 戴春．农村一二三产业融合的动力机制、融合模式与实现路径研究——以安徽省合肥市为例［J］．赤峰学院学报（自然

科学版），2016（6）：40-43.

[27] 芦千文.农村一二三产业融合发展研究述评［J］.农业经济与管理，2016（4）：27-34.

[28] 梁立华.农村地区第一、二、三产业融合的动力机制、发展模式及实施策略［J］.改革与战略，2016（8）：74-77.

[29] 张天佐.四个方面促进农村一二三产业融合发展［J］.江苏农村经济，2016（3）：67.

[30] 徐旭初.浅谈推进农村一二三产业融合发展［J］.中国农民合作社，2015（3）：21-22.

[31] 王艳春.推进吉林市农村一二三产业融合发展的对策建议索［J］.吉林医药学院学报，2016（5）：397-399.

[32] 孙鸿雁.黑龙江省农村一二三产业融合发展的思路与模式［J］.经营与管理，2017（1）：113-115.

[34] 卢连明.展示融合发展成果 探索融合发展路径［N］.东方城乡报，2016-03-22（A02）.

[35] 师艳玲.广西关于推进农村一二三产业融合发展的思考［J］.市场论坛，2016（5）：22-24.

[36] 张伟.农村一二三产业融合发展的海门探索［J］.江苏农村经济，2016（8）：16-18.

[37] 《农产品加工业及农村一二三产业融合发展保障措施研究》课题组，魏登峰.制订完善相关政策法律保障措施促进农村一二三产业融合发展［J］.农村工作通讯，2015（18）：30-33.

[38] 郑风田，乔慧.农村一二三产业融合发展的机遇、挑战与方向［J］.中国合作经济，2016（1）：27-31.

[39] 吴精精，赵邦宏.我国农村一二三产业融合发展研究［J］.环渤海经济瞭望，2016（7）：48-50.

[40] 舒绍茂.南京市推进农村一二三产业融合发展调查［J］.江苏农村经济，2016（5）：17-18.

[41] 詹卉.农村一二三产业融合发展研究［J］.当代农村财经，2016（7）：2-8.

[42] 侯廷永.美国现代农业发展及其经验借鉴［J］.上海农村经济，2017（3）：37-42.

[43] 姜长云.日本的"六次产业化"与我国推进农村一二三产业融合发展［J］.农业经济与管理，2015（3）：5-10.

[44] 李芸，陈俊红，陈慈.北京市农业产业融合评价指数研究［J］.农业现代化研究，2017（2）：204-211.

[45] 侯廷永.美国现代农业发展及其经验借鉴［J］.农村经营管理，2017（7）：27-29.

[46] 李先德，孙致陆.法国农业合作社发展及其对中国的启示［J］.农业经济与管理，2014（2）：32-40+52.

[47] 庄至威.小农之王：荷兰农业奇迹是怎样炼成的？［J］.农村.农业.农民（A版），2011（3）：52-54.

[48] 赵霞，姜利娜.荷兰发展现代化农业对促进中国农村一二三产业融合的启示［J］.世界农业，2016（11）：21-24.

[49] 宋园园，叶维秋.国外农村一二三产业融合的主要模式及经验启示.农村经济与科技［J］.2020（5）：9-10.